金持ちに学ぶ税金の逃れ方

富豪と貧民の差は税金にあった！

元国税調査官
大村大次郎

ビジネス社

はじめに

庶民、サラリーマンも金持ちの秘訣を見習え！

「日本の金持ちの税負担率はフリーターより安い」

というと、多くの人が驚くでしょう。

詳しくは本文で述べますが、金持ちの税金は名目上は高く設定されています。ところが実質的な税負担率は驚くほど安いのです。実際にフリーターより、億万長者のほうが税負担が軽いというケースもままあるのです。

なぜそういうことになっているのかというと、金持ちはありとあらゆる方法を使って税金を逃れているからです。

彼らにとって**「節税方法を研究する」**などは、ごく当たり前の話です。タックスヘイブンなどを用いて、脱法的に税金を逃れることもあれば、金持ち同士で徒党を組んで政治に圧力をかけ、秘密裏に自分たちの税金を少なくするというようなことさえあります。

一方、庶民はというと、税金にまったく疎《うと》いのです。

我々一般庶民は、実はかなり多くの税金を払っています。

平均的なサラリーマンで所得税、住民税でだいたい20%くらいを払っています。また税金と同様に強制徴収される社会保険料がだいたい15%くらいです。それにプラスして物を買うときには10%の消費税がかかるし、酒を飲むときには酒税、車に乗るときにはガソリン税、自動車税などが課せられているのです。

それらを合わせると、だいたい**収入の40%から50%が税金として取られている**ことになります。

もし税金を払わなくてよければ、我々は**収入が50%も増える**のです。

この高い高い税金を日本人は黙っておとなしく払っています。

しかし、金持ちだけは、あの手この手を使って税金を逃れているのです。

筆者は今の日本でいかに金持ちが税金を払っていないかということを糾弾する本をたくさん書いてきました。社会にとっては、金持ちがきちんと税金を払うことは大事なことだからです。

が、金持ちは税金を安くするために絶え間ない努力をしており、庶民はその努力をほとんどしていない現実もあります。

社会にとって良い悪いは別として、金持ちの少しでも税金を安くするための努力は、並大抵のものではありません。そして、その姿勢が金持ちを金持ちにしている理由の一つでもあると思われます。

一般庶民もその姿勢には学ぶべき点は多々あり、また**その姿勢を学ぶことが金持ちになる秘訣**でもあるのです。その秘訣を本書でご紹介していきたいと思っています。

第1章　金持ちと貧乏人を分けるのは〝税金〟

第2章 金持ちは〝投資〟で税金を逃れる

第3章

金持ちを守る〝プライベート・カンパニー〟

第4章 本当の金持ちは相続税も払わない

第5章 純金、タワーマンション……さまざまな逃税アイテム

第6章 圧力団体を使って税金を安くする

第1章

金持ちと貧乏人を分けるのは〝税金〟

金持ちはなぜお金持ちなのか？

金持ちが、なぜお金持ちになったのか？

だれもが知りたいことでしょう。

このテーマは、雑誌やビジネス書などでもいろいろ取り上げられることがあります。

「お金持ちは日ごろの心がけがいい」

「お金持ちはお金に愛されている」

などとウソかホントかわからないようなことも言われています。

筆者は、国税調査官のときにさんざんお金持ちに会ってきましたが、お金持ちが心がけがいいとか、人格者だとかいうことは、ありません。これは、絶対に断言できます。

確かに、たまには、お金持ちの中にも立派な人もいます。でも、そうでない人のほうがはるかに多いのです。だから、人徳と金持ちに、ほとんど因果関係はないといえます。


ところで私は、元国税調査官です。

国税調査官とは、簡単に言えば、納税者の申告が正しいかどうかの調査などを行う仕事です。人の懐具合や、金の使い方を散々チェックしてきました。

私はこの仕事をしているとき、世の中の重大な法則を見つけました。

「金持ちほど税金にものすごくケチだ」

ということです。

これはほとんど例外がない**「原理」**なんです。

金持ちはケチじゃない人もたくさんいます。人と飲みに行けば、気前よくおごる金持ちもたくさんいます。

そういう人でも、税金に関しては間違いなくケチなのです。

たとえば、筆者が国税調査官時代に税務調査などに行ったとき、お金持ちの人は、非常に細かい節税をしていました。国税調査官としては追徴税を取りたいので、いろいろ難癖をつけるのですが、しっかり理論武装をしていて、なかなか追徴に応じてくれないわけです。お金持ちからは、**1円の税金を取るのにも非常に苦労する**のです。

「あなた、そんなにお金持っているんだから、ちょっとくらい税金払ってもいいんじゃないか」

と思うのですが、金持ちの場合は、なかなかそうはいかないのです。

その一方、貧乏人というのは、**税金にルーズな人が多い**のです。

貧乏人もお金は大好きですし、執着はするのですが、税金にルーズなのです。〝お金に執着するけれど税金にルーズ〟というのは、ちょっとわかりにくいかもしれません。

たとえば、こういうことです。

フリーターは、税金が還付されることが多いのに、還付申告に来るフリーターの人って非常に少ないのです。

アルバイトでも、同じ職場で一定期間以上働いている人は、給料から税金が源泉徴収されます。でも、フリーターの場合は、年間の収入が少ないので、申告すれば源泉徴収された税金は戻ってくることが多いのです。

少ない人でも1、2万円、多い人では**10万円近くの税金が戻ってくる**場合があります。フリーターにはお金がない人が多いので、1、2万円でも税金が戻ってくれば大きいはずです。でもフリーターは、税金の申告を面倒くさがってしないのです。ほんのちょっとの手間で、2、3日分のバイト料に匹敵するお金が入るというのに、です。

税金には費用対効果がない

日本は累進課税の国です。

累進課税というのは、金持ちほど税金を多く払うような仕組みです。だから当たり前にやっていれば、金持ちは貧乏人よりたくさん税金を払わなければなりません。

でも金持ちの人たちは、そんな手には乗りません。

あの手この手を使って、税金を払わないで済むようにしています。**貧乏人よりも少ない税金しか払っていない**、ということもよくあります。私が税務調査をした会社経営者にも、私よりはるかに収入が多いのにはるかに少ない税金しか払っていない人たちがたくさんいました。

詳細は第2章で述べますが、国会に提出された資料では、収入が1億円を境にして金持ちほど税負担率が下がってくることがわかっています。そして100億円以上の収入がある人は、フリーター以下のレベルにまで税負担率が下がるのです。

しかも**金持ちというのは税金にとても詳しい**のです。調査官や税理士が歯が立たないこともあるくらいです。

金持ちは税金に関してものすごく研究をしているのです。税金を払わないためなら、努力を惜しみません。

かの田中角栄も、国税庁が総力をあげても敵わないほど税金に詳しかったそうです。

節税とは**「法の穴をつくこと」**です。

法の趣旨にしたがっていれば、金持ちはたくさん税金を取られます。だから目を皿のようにして、税法の網の目を見つけ出すのです。

金持ちは「法の穴をつくこと」に長けた種族なのです。

金持ちは、特に税金に関して非常に研究し、努力しています。

というより、金持ちはあらゆる手段を講じて1円でも税金を安くしようとしています。

金持ちの家に生まれた二代目のボンボンなどは別として、自分でお金を稼ぎ、資産を増やした人は、税金対策にも相当に努力をしています。

しかも、ここからが肝心なところなのですが、その努力は決して美しい努力ばかりではないということです。

金持ちは世の中では悪とされているような「汚い努力」も一生懸命します。たとえば、税金の抜け穴をついて税を逃れたり、政治権力をうまく利用したり、金持ち同士で結託して税制を自分たちに有利にする、などなどです。

なぜ金持ちが税金にケチなのでしょうか。おそらく**「支出の中で税金がもっとも無駄なもの」**ということを、彼らはよく知っているのです。

人にご馳走することは、それなりに意味があります。自分の経済力を誇示することでもありますし、相手の気分を良くさせ恩を売ることもできます。

でも税金は、見返りがほとんど期待できません。

何に使われているのか、よくわかりません。というより、絶対に無茶苦茶に無駄遣いされていることは、間違いありません。自分の大事なお金を、そんなことで取られてしまってはたまりません。

政治家に何かをしてもらおうと思えば、税金など払わずに、寄付をすればいいのです。とっても直接的な見返りがあります。

ずる賢い金持ちたちは、そう考えているのです。

彼らの駆使する「ずる賢い逃税方法」には、善悪は別として、**「経済社会を勝ち抜くとはどういうことか」**が秘められているといえます。

彼らの「お金に関する合理的な考え方」は、学ぶべき点も多いのです。

金持ちは準備を怠らない

金持ちは税金に関して準備を怠りません。

節税というのは、**予防がまず第一**です。

税金というのは、確定してしまった後からはなかなか減らせないようにできています。

だから節税策というのは、税金が確定する前に施すのが基本なのです。

そんなことは当たり前じゃないか、と思う人もいるかもしれません。

でも多くの人は、この当たり前のことがなかなかできないのです。

脱税で捕まる人に、賢い人はほとんどいません。

税金が確定するまで放置していて、税金が確定してからその大きさに驚いて、無理やり税金を少なく申告してしまいます。それが脱税となるわけです。実際、税務署が摘発する脱税のほとんどは、**駆け込み型の脱税**です。

たとえば、相続税。

相続税は、相続資産にかかる税金です。相続資産が大きければそれだけ税金は多くなり、小さければ少なくなります。とてもシンプルな仕組みです。

相続税の節税の基本は、相続財産をどれだけ小さくするかです。

財産を小さくするもっとも手っ取り早い方法は、**財産を家族や親族に分散してしまう**ことです。でも財産を家族や親族に一度に分配してしまうと、贈与税がかかってしまいます。だから賢い金持ちは、長い時間をかけてさまざまな方法で資産を家族や親族に分配します。

でも、愚かな人にはそれができません。

相続税の脱税は、ほとんど相続財産を隠すという単純なものです。

相続税の脱税で摘発される人は、ほとんどが一代で財を築いた人の遺族です。一代で財を築いた人というのは、自分の財を増やすことに精一杯で、自分が死んだ後のことまではなかなか頭が回らないのです。

だから、相続税対策をほとんど講じていません。

相続税は、資産家が死亡した時点で税額がほとんど確定してしまいます。だから、**被相**

続人が死んでから節税策を施しても遅いのです。

相続税対策をしていない人の遺族は、資産家が死んだ後に無理な節税、つまり脱税をしてしまうのです。

何代も続いている資産家では、このようなことはまずありません。日頃から常に相続税対策を講じているからです。

本当に悪い奴は脱税しない

金持ちは税金を払っていないということをご紹介しましたが、かといって彼らは脱税はなかなかしません。

なぜかというと、本当に悪い奴は合法的に税を逃れるからです。

よく、「節税の延長が脱税」などという人がいますが、この言葉は実はまったくの的外れです。

「税金を安くしたい」

というのは、万人に共通する心情です。

でも脱税と節税の間には**明らかな一線**があるのです。

それは税の専門家じゃなくても、簡単に判別できます。節税というのは合法的なものであり、脱税というのは非合法なものである、ということです。

本当に悪い奴は、法律のギリギリをついて税金を安くするのです。脱税する人というのは、節税をする知識やテクニックがないために、脱税をしてしまうのです。

本当の金持ちというのは、税金に関して非常に渋いです。

普通の人は、収入を得るために仕事を頑張ります。経営者であれば、会社の利益を出すために頑張ります。会社というのは、形式上の目的は「利益を出すこと」になっていますから、それはとても正しいことです。しかし、せっかく利益を出しても、その4割が税金に取られてしまうのです。

これは、**経営者にとっては非常に痛い**ことです。

企業活動の中で、利益を倍に増やすのは、並大抵のことではありません。しかし、もし税金を払わずに済むならば、利益を2倍近く増やすのと同じことなのです。節税をするのとしないのとでは、企業経営はまったく違います。

ずる賢い金持ちは、その点をしっかり認識しています。

だから無駄な利益は出さないよう、つまりなるべく税金は払わなくて済むように、計算しているのです。

税金をなるべく安くしたいというのは、経営者としてはだれもが持っている考えです。「喜んでたくさん税金を払います」という経営者に、筆者は会ったことはありません。

ですが、経営者が皆、節税のポイントをしっかり押さえて、**巧みな節税**をしているわけではありません。

ほとんどの経営者は日々の忙しさのため、なかなか税金にまで頭が回らず、決算が終わってから、税金の多さに愕然《がくぜん》としてしまうものなのです。そして、中には無理な節税（つまり脱税）に走る経営者もいます。

その点、本当の金持ちは、忙しい中でも、常に頭のどこかで税金を計算しています。そして、本当に**「効果のある節税策」**を施しているのです。

なぜ金持ちにはどんどん金が集まるのか？

経済学における永遠の課題として「なぜお金持ちにお金が集まるのか（なぜ金持ちだけ

がどんどん金持ちになっていくのか）？」があります。

金持ちというのは、だいたい現状よりどんどん金持ちになっていくことが多いものです。この原因が既存の経済学ではなかなか解明できないのです。

しかし元国税調査官として経済の現場にいた身として、この問いの答えは実に簡単です。

〝お金持ちは、お金を儲けるための非常に有利な立場にいる〟

ということです。

お金を持っているとは、**お金を稼ぐためのチャンスがそれだけ増える**ということなのです。

たとえば、まったく同じ能力を持った二人の事業家がいたとします。一方は、資金力が豊富にあって、一方は資金力がない。となると、どっちが事業に成功する確率が高いか、簡単にわかりますよね？

他の条件がまったく同じなら、資金力があるほうが事業の成功率は高いのです。資金力があれば、事業のためにたくさん投資することができます。それは、もちろん成功する確率がぐーんと上がることになります。

また金持ちというのは、経済的にいい条件を得ることが多いのです。

たとえば、証券を購入するにしても、証券会社の人は小口取引よりも大口取引の人を大事にします。必然的に、**おいしい株は優先的に大口取引の客に分配される**ことになります。

そして、お金持ちの場合、「金がある」という自分の有利な立場を徹底的に利用して、さらにお金を儲けようとすることも可能です。

たとえば、地元の有力政治家に政治献金をし、利権をもらったり優遇措置を受けたりすることも多々あります。今の日本は、ほとんどの業界になんらかの利権があるという利権大国ですが、それも目ざとい金持ちどもが始めたことなのです。

筆者は、こういう金持ちを散々見てきました。

「これなら金持ちは、どんどん金持ちになっていくはずだ」

と思ったものです。

そして、そして、金持ちは自分のあらゆる方法を使って税金制度を自分に有利に変えていきます。

詳細は後述しますが、現在、**日本の税制は金持ちに非常に有利**にできています。それは金持ちがさまざまな方法を駆使して、そうなるように仕向けてきたからなのです。

だから経済社会というのは、自然に放置していれば、金持ちはどんどん金持ちに、貧乏人はどんどん貧乏人になっていくわけです。もし、貧乏人が金持ちになろうと思うなら、金持ちより数段**「悪く」**ならないとならないわけです。

金持ちにお人好しは一人もいない

何度も言いますが筆者は、国税調査官時代、金持ちを散々見てきました。金持ちには、いろいろなタイプの人がおり、それぞれの方法で金持ちになっていったわけです。だから金持ちの性質などを一概に言うことはできません。

ただ、一つだけあらゆる金持ちに共通していることがあります。

それは、**絶対にお人好しではない**、ということです。

これはどんな金持ちにもあてはまります。

金持ちという人種は、必ずどんな人もある種の**「抜け目のなさ」**を持っています。

いや、芸能人とかスポーツ選手など、事業ではない部分でお金持ちになった人には、お人好しもいるかもしれません。

また金持ちの家に生まれた二代目、三代目などには、お人好しもたまにはいます。けれど、自分で財を成した金持ちの中には、お人好しはだれもいません。

金持ちというと、社会的にそれなりにステイタスのある人が多いものです。だから、金持ちには、人付き合いがスマートな人も多いものです。紳士的で優しい雰囲気の人も多々おられます。それでも、「抜け目なさ」というものは必ず持っているのです。

回りに気を配り、常に周囲に自分を合わせているような人でも、お金の面では非常にシビアでずる賢い部分を持っているのです。

つまり逆に言えば、**お人好しは金持ちになれない**ということです。

日本で一番お人好しなのは〝都会のサラリーマン〟

前項では、金持ちにお人好しは一人もいない、だからお人好しは金持ちになれないということを述べました。

では、現在、日本でもっともお人好しなのは、だれか考えてみてください。

それは、**都会のサラリーマン**だといえます。

都会のサラリーマンは、日本の税収、社会保険料の大半を負担しています。それは「夜も寝ずに仕事をして、休日を取るのもままならない生活をして」です。

　では、その税金はだれが使っているのでしょうか？

　今の日本の税収システムでは、都会で集められた税金の多くは地方に回されています。では、地方は日本を支えるために頑張っているのか、というと決してそうではありません。地方では、コネのある者は利権をもらって大して働きもせず、悠々自適な生活をしていますが、コネのない者は暮していけずに、都会に出てサラリーマンになるのです。

　つまり、地方でコネのない人が、都会でサラリーマンになる。その都会のサラリーマンが稼いだお金を、地方の有力者たちが悠々と

年収600万円の人が天引きされる税・社会保険料額例

税金（所得税＋住民税）	約55万円
健康保険料（介護含む）	約30万円
厚生年金	約55万円
雇用保険	約2万円
税金・保険料合計	約142万円

今後さらに増える見込み

※40歳以上、大船市在住のモデルケース

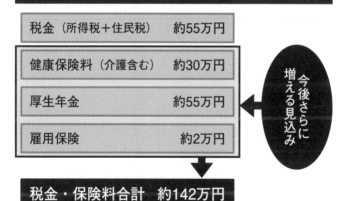

使っている、という図式があるわけです。

しかも都会のサラリーマンたちは、都会で高い家賃を払っています。

給料の半分以上は、税金、社会保険料、住居費で消えていっている人がほとんどでしょう。家賃は、だれがもらうかというと、金持ちの地主さんたちです。

つまり都会のサラリーマンは、**地方と都会の金持ちのためにせっせと働いている**ようなものなのです。

税金は取りやすいところから取れが鉄則

日本の税制では建前の上では、「税金はすべての国民に公平に課税する」となっています。

しかし、それはまったくの嘘です。

税金は声が大きい者が少なくて済み、小さい者がたくさん取られるようになっているのです。

税務の世界では昔から、

「税金は取りやすいところから取れ」

という鉄則があります。

税金はあまり文句が出ないところから取れ、ということです。

「文句が出ないように取る」とは、公平に取るという意味ではありません。文句を言わないものからたくさん取って、文句を言うものからはあまり取らないということなのです。

たとえば税務調査では、追徴額を交渉で決めることがよくあります。

税法には白か黒かあいまいな部分も多いので、その部分については、納税者と調査官の交渉で決めるのです。声の大きい納税者は、税金を少しでも少なくしようとして必死に調査官に食ってかかります。

「そんなに税金を払うくらいなら会社はつぶしてもいい」

「裁判したって、そんな金は払わない」

そういうふうに言われて、追徴税をまけてしまうこともよくあるのです。

でも調査官の言うことをすんなり受け入れてしまうおとなしい納税者もいます。

うるさい人はあまり税金を払わず、**おとなしい人はたくさん払うハメになる**のです。

うるさい人が税金で得をするのは、何も税務調査の現場だけではありません。日本のあらゆる場所でそれがまかり通っています。

たとえば、詳細は後述しますが開業医というのは税金がとても優遇されています。なぜそうなっているかというと、彼らは「日本医師会」という強力に**うるさい団体**をうしろ盾に持っているからです。この団体が政府にうるさく働きかけるので、開業医の税金は低く抑えられているのです。

日本医師会に限りません。

日本にはそれに似た業界団体は腐るほどあります。**うるさい業界の税金は安い**のです。

税金は声の大きいものが得をする仕組みになっているのです。

第2章

金持ちは〝投資〟で税金を逃れる

フリーターより安い富裕層の実質税負担率

この章からは、金持ちが具体的にどうやって税金を逃れているのかを追究していきます。

まずは、所得税、住民税です。

所得税、住民税というのは、一定の収入がある人は必ず払わなくてはならない税金です。

そして所得税は累進課税になっており、所得が大きい人ほど税率が高くなるという仕組みになっています。

次の表のように、所得が194万9000円以下の人は税率5％ですが、4000万円以上の人は45％になっています。住民税は10％なので、所得税と住民税を合わせれば税率55％になります。この税率は、**先進国でもトップクラス**です。

だから、税率の制度だけを見れば、「日本の高額所得者はたくさん税金を払っている」ように思えます。

しかし、しかし、です。

日本の金持ちが**実際に払っている税金は驚くほど少ない**のです。

岩波新書の『日本の税金』（三木義一著）では、所得1億円までは税負担率が上がっていくのに、1億円を超えると急激に税率が下がるというデータが載せられています。所得1億円の人の実質税負担率は28・3％ですが、所得100億円の人は**13・5％**まで下がるのです。

つまり、大金持ちほど税負担が少なくなるのです。13・5％というと、サラリーマン1年生よりも少ないのです。下手をすると、フリーターよりも安いかもしれません。

このデータは、政府の諮問機関である日税連専門家委員会に提出された資料であり、公的にも認められたものです。

なぜ所得が高い人の実質負担率が下がる

所得税の税率

課税される所得金額	税率	控除額
1,000円 から 1,949,000円まで	5%	0円
1,950,000円 から 3,299,000円まで	10%	97,500円
3,300,000円 から 6,949,000円まで	20%	427,500円
6,950,000円 から 8,999,000円まで	23%	636,000円
9,000,000円 から 17,999,000円まで	33%	1,536,000円
18,000,000円 から 39,999,000円まで	40%	2,796,000円
40,000,000円 以上	45%	4,796,000円

国税庁サイトより

かというと、次項以下のようなカラクリがあるのです。

金持ちは自分の収入を配当に集中させる

実は日本には、配当所得に対する**超優遇税制**があります。

配当所得は、どんなに収入があっても所得税、住民税合わせて一律約20％でいいことになっているのです。これは平均的サラリーマンの税率とほぼ同じです。

このようになったのは配当所得を優遇することで、経済を活性化させようとした小泉内閣時代の経済政策によるものです。

そして金持ちは、自分の収入を持ち株の配当に集中させていることが多いのです。たとえば、トヨタの社長も、会社からもらう役員報酬はそれほど高くなく、持ち株からの配当収入が主になっています。

つまりは、自分の高額な収入を、**税率の安くなる方法で受け取っている**のです。

また日本国民には、税負担と同額以上の社会保険料の負担があります。社会保険料というのは日本の居住者であれば、一定の条件のもとで必ず払わなくてはならないものです。

そして社会全体で負担することで、社会保障を支えようという趣旨を持っており、まさに税そのものなのです。国民健康保険の納付書などには「国民健康保険税」と記されています。

今、国民の多くは、社会保険料の高さに苦しんでいます。

社会保険料は年々上がり続け、税金と社会保険料を合わせた負担率は40％にのぼっています。これは実質的に世界一高いといえます。

しかし、しかし、富裕層の社会保険料の負担率は、**驚くほど低い**のです。5億円の配当収入者ではわずか0・5％に過ぎないのです。

現在の社会保険料は、原則として収入に対して一定の割合で課せられていますが、社会保険料の対象となる収入には上限があります。

年収5億円配当収入者と年収200万円フリーターの税負担

	年収5億円の配当収入者	年収200万円のフリーター
所得税、住民税	約20%	約6%
社会保険料	約0.5%	約15%
収入に対する消費税負担率	約1%	約8%
合計	約21.5%	約29%

現行税制に照らし著者が作成

たとえば国民健康保険の場合は、介護保険と合わせて約100万円です。つまりいくら収入があろうが100万円以上の保険料は払わなくていいのです。

そのため**所得が大きい人ほど負担率は下がっていく**のです。

それやこれやで金持ちの税負担、社会保険料負担率は、フリーターよりも安くなっているのです。

収入を配当所得に集中させればどのくらい税金が安くなるのか、フリーターとの比較で試算して前ページの表にまとめてみました。ご参照ください。

株投資で大儲けしようなどとは思うな！

「金持ちは投資で税金を逃れている」

「投資の収入の税金は安い」

と聞くと

「じゃあ、自分も投資を始めよう」

と思う方もいるかもしれません。

巷では「株で大儲けする方法」のような話が多数出回っています。書店に行けば、その類の本が山のようにあります。

そういうのを見ると、自分も簡単に儲けられる気持ちになってしまうものです。

しかし、冷静になって考えてください。

もし、そんな方法が本当にあるのなら、その作者は絶対に人に教えるはずはないし、本を書くまでもなく、投資生活に没頭しているはずです。本を書くという労力を経ずとも、巨万の富を得られるはずですので、そういう類の本は絶対に信用しないことです。大損しても、だれも責任を取ってくれませんよ。

株式などの投資で儲けることがいかに難しいかを示すわかりやすい例を挙げましょう。

アメリカ在住の投資家ジョージ・ソロスは、天才的と言われ裸一貫から巨額の富を得ています。が、彼は、インサイダー取引で摘発された経歴があるのです。投資の天才とされているジョージ・ソロスでさえ、ズルをしないと確実に儲けることはできないのです。

また証券会社などで働いているプロのトレーダーでも、5%の収益を上げることができればいいほうなのです。

「プロでも5%の収益を上げればいいほう」

ということは、素人ならば儲かっても1〜2%、普通にしていれば赤字になる可能性が非常に高いということです。

情報、技術が少ない一般の投資家が、そう簡単に儲けられるはずはないのです。

だから、「株で絶対に儲けられる」という本は絶対に信じないことです。

株というと「危ない」「ギャンブルと同じ」と思っている人も多いかもしれません。確かに、株は「投機」として買うと、かなり危ない要素をしめています。

株の値上がりを期待して売買をすることは、**はっきりいってギャンブル**です。

暴落とか暴騰とかじゃなくて普通の相場でも、1日で株価が数%前後するというのは、ごく普通のことです。１００万円投資していたら、1日で2〜3万円増減するのは、全然、普通のことなのです。

もし毎日2万円、パチンコで負けていたら、かなり苦しいでしょう?

そういうことが、普通に起こるのです。

こういうリスクの高い投資は、よほど勉強していないと、儲けられるものではありません。

素人が株で儲けられない仕組み

アベノミクスで株が上がったときに儲かった人もけっこういたと言われています。

第二次安倍内閣が誕生した2012年12月時点では、日経平均株価は8000円台でしたが、現在では2万円を大きく超えています。実に3倍以上の株価上昇というわけです。だから単純計算では、2012年12月時点で株を持っていた人は現在、その価値は3倍になっているというわけです。

こういう話を聞くと、**「株は持っているだけで3倍以上になるのか」**と思ってしまう人もいるようです。

が、アベノミクスで儲かったのは昔から株を持っていた人であり、最近、株を始めた人の大半は儲かってはいません。

というのも昨今、米中対立や新型コロナなどで株価は乱高下しています。そして株価が乱高下すると、素人や資金力のない人はどうしても損をしてしまうのです。

株式投資というのは、ある程度の資金力がないとうまくいきません。

これまで株をしたことがない人が、株で大損するときの**王道パターン**があります。

それは、株価が大きく下落し損失が膨らんだために、その損を維持できなくなり、株を手放してしまうというパターンです。

株というのは、一般の人が思っている以上に激しい増減があります。20〜30％くらいの増減はごく普通にあるのです。

たとえば、日本最大の企業であるトヨタ自動車の株を見てみましょう。

トヨタ自動車は、この3年の間で高いときは一株8000円以上の値をつけていますが、安いときには6000円を切っています。新型コロナの影響で株価が急落した2020年3月には5771円にまで下がっているのです（分割前株価）。

実に**約30％もの下落**をしているのです。

増えたときはいいのですが、減ったときにはダメージが大きいものです。ほんのわずかな期間で自分の資産が20〜30％も減ってしまう感じになるからです。

トヨタ自動車の株を一番高いときに800万円分買っていた人は、みるみるうちに600万円を切ってしまうのです。

それは普通、焦るでしょう。

そして資金力の少ない人にとって20～30％の株価下落は致命傷になってしまいます。これ以上、資産を減らすことはできないので、株を売ってしまうことになるのです。

株というのは一定期間、待っていれば妥当な金額に落ち着いてくることが多いのですが、**瞬間的に異常値**になったりすることがあります。

特に株価が下がるときというのは一気にドーンと下がって、その後、少しずつ回復していくことが多いのです。

資金力があれば様子見をしているうちに株価が回復することもありますし、下落したところで買い増しすることで利益を得るというようなこともできます。

が、資金力の少ない一般の人は、**「待つ余裕」がない**ので、ドーンと下がったときに、「これ以上下がったら無理」と株を手放してしまいがちなのです。

つまり、資金力が少ない場合は、「株価が一番下がったときに売ってしまう」という最悪のパターンに陥りやすいのです。

たとえば、パチンコに行くときのことを考えてください。

パチンコで1000円を使う人と、1万円使う人のどちらが勝つ可能性が高いかということです。今のパチンコでは1000円なんて一瞬で玉がなくなってしまいます。

しかし1万円を使えば、勝てる可能性はグンと上がります。1万円分の玉を打てば、それなりに**「玉が増える機会」**も出てくるはずです。1万円の範囲の中で、得をしたり損をしたりという局面が出てくるものです。

が、1000円しか持っていない場合は、「玉が増える機会」がほとんど訪れず、得をするという局面自体にまったく出くわさない可能性が高いのです。

それと同様に株の場合も、資金が大きい人は少し損が出ても待つ余裕があります。しかし、資金が少ない人は損が出たときに、「これ以上損が出たらアウト」という状態にすぐに達してしまうので、**「勝つ」可能性がグンと減る**のです。

このように株の投資をする場合、まず前提としてある程度の損が出ても大丈夫なくらいの資金力が必要なのです。

だから資金力が潤沢ではない「普通の人」にとって株で儲けるということは、並大抵のことではないのです。

素人は世界経済の大きな流れに翻弄される

「優良な割に株価の低い企業を探し出し、株価が安いうちに買って値上がりを待つ」

というのが、株で儲ける王道のように言われています。

株で儲かった人の本などを読んでも、そう書かれていることが多いものです。

確かに以前は、そういう方法で大儲けすることもできたようです。

自分で研究して、あまり知られていない優秀な企業を探し出すことで、自分の利益に結び付けることができたのです。

しかし、昨今の株ではそういうことは非常に難しくなっています。

というのも昨今の株価は、「各企業の業績」というよりも、「世界経済情勢」に大きく左右されるからです。

たとえば、ロシアがウクライナに侵攻した直後の2022年春には、日本の企業のほとんどの株が大幅に値下がりしていました。新型コロナのときもそうです。

逆に業績が悪い企業でも日銀が金融緩和をしたときには株価が上がりました。

今の時代は「企業の業績に関係のないところで株価が乱高下する」のです。

こういうときには、市井《しせい》のにわか投資家は非常に不利です。

株価が上がるときにはものすごい勢いで上がるので、この流れに乗ろうと思って株を買います。そして株が下がるときにものすごい勢いで下がるので、もっと下がるのではないかという不安にかられて株を売ってしまいます。その結果、**「株が高いときに買い、安いときに売る」**という大損パターンにはまってしまうのです。

株をしたことがない人は、

「安いときに買って高いときに売ればいいじゃないか」

と思う人もいるでしょう。

が、「株価の標準値」というものはないので、今の状態が高いか安いかは、わからないのです。前よりかなり下がっていても、まだ下がることもあるし、急に上がることもあるのです。

前述したように、投資のスペシャリストでさえ、5％の利率を出すのに苦労しているわけなので、素人がそうそう儲けられるわけはないのです。

金持ちの投資の仕方とは？

「投資で儲けるのは難しいのに、なぜ金持ちは株を持っているのか？」

と思う人も多いでしょう。

金持ちの株の持ち方は、一般の人の株投資の方法とは違います。

彼らは**「大企業の株を大量に持っている」**のです。

株の売買で大きな資産を築いた人も、稀にはいます。しかし金持ちの大半は、そういう形では投資をしていません。長期間保有して、売買益よりも配当を目的としているのです。

そしてアベノミクス以降、株で儲かっている人の大半がこのタイプなのです。

次のグラフを見てください。

日本の上場企業の配当金は、２００９年からのわずか9年間で2倍以上になっているのです。リーマンショック前の最高値だった２００７年と比べても2倍近くに増えています。

つまり10年前と比べて、配当収入は2倍に増えているということです。

これは何を意味するのか、というと**配当収入が2倍**になっているということです。

創業者親族などの大口の株主や、配当だけで生活できるほど株を持っている人は、かなり潤っているはずです。

またアベノミクスの影響で、2012年から2022年の間に、日経平均株価は3倍以上になっています。2012年に持っていた株資産が現在では3倍に膨れ上がっているのです。

一般の人も真似をすることができる株の持ち方

この金持ちの株の持ち方は、一般の人もすぐに真似をすることができます。

「貯蓄」として投資をするのです。

日本の上場企業の配当金の推移

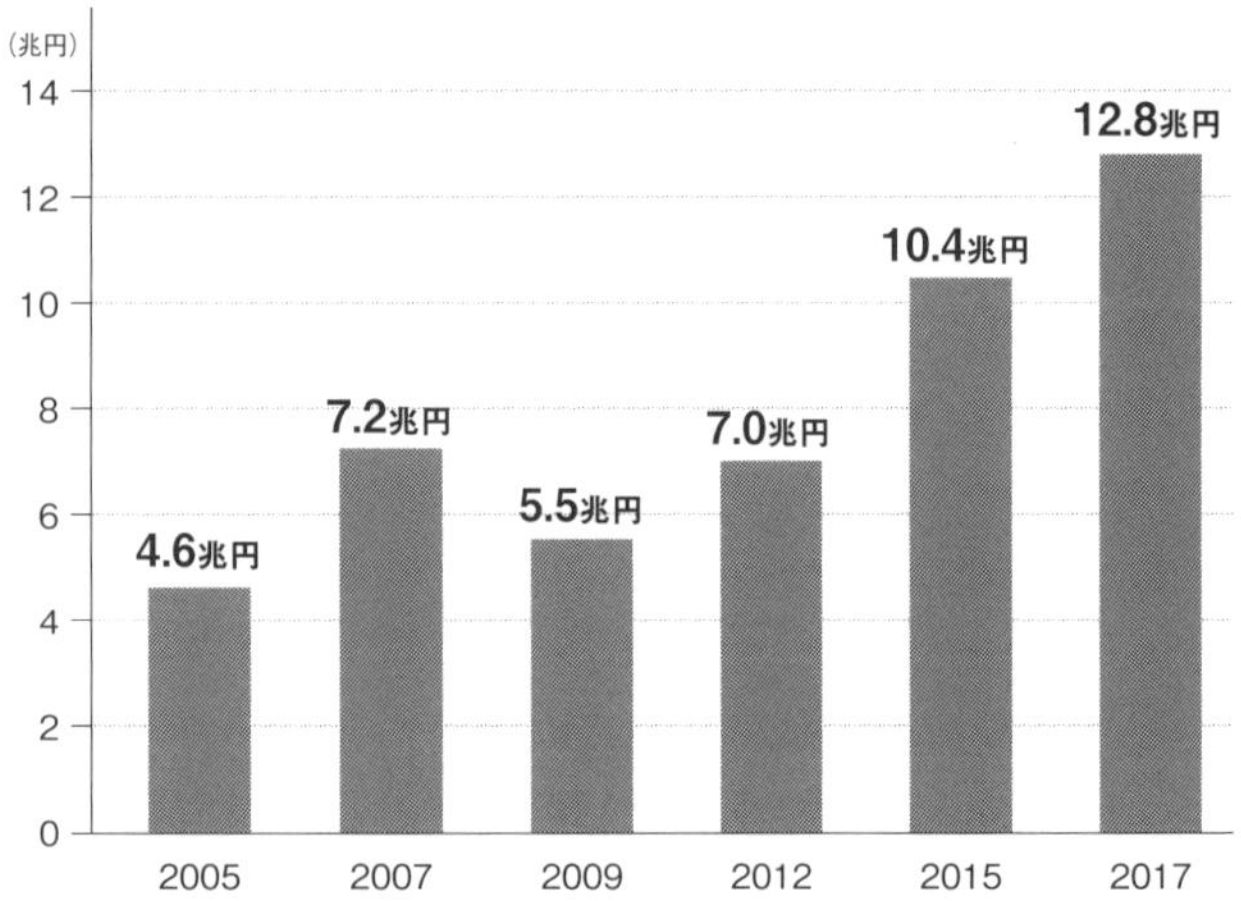

つまり値上がり目的で買うのではなく、**「配当目的」**で購入するのです。

配当だけを目的とした場合、株というのはそれほど危険なものではありません。

そして本来、株というのは、この配当を目的としたものなのです。

たとえば、トヨタの株は、この10年くらいだいたい2％以上の配当をしてきました。おそらくこの先もそういう配当をしていくと思われます。昨今の低金利時代では、銀行に預金しても、利息は無いに等しいものです。定期預金であっても、利息は微々たるものです。だからトヨタの株の配当率は、**「金融商品」**と考えれば非常に有利なものだといえます。

もし預貯金が1000万円くらいある人が、その半分の500万円を使ってトヨタの株を買ったとします。

すると毎年、**10万円くらいの配当収入が得られる**わけです。年金暮らしでの年間10万円はけっこう大きいはずです。夫婦でちょっとした旅行ができる金額です。

そして現在NISAという制度がありますので、**500万円までの投資ならば配当収入に税金はかかりません**。

もちろん、株価というのは変動しますので、投資した500万円も増減することになります。500万円を大きく割り込むこともあるでしょう。

それでも購入したときの持ち株数は減りませんので、配当は当初の株数分だけきちんともらえます。トヨタが例年並みの配当を続けていれば、例年並みの配当収入は得られるわけです。

だから株価の増減には目をつむって、ひたすら配当収入だけを目的とするならば、今のところ断然、**銀行預金よりもいい**のです。銀行預金の場合、事実上「無配当」が続いていますから。

もし、すぐに必要でないお金を持っているような場合、配当目的で株を購入するのは、アリなのではないでしょうか？　トヨタよりも高配当を続けている企業もありますので、そういう株を研究してもいいでしょう。

また自分ではわからなければ証券会社に行って、

「20年間、2％以上の配当を続けている会社を教えてください」

などと言えば、喜んで教えてくれます。

ただし繰り返しますが、株の投資には、**「元本割れ」**がつきものですし、運が悪ければ、企業が倒産したり、不祥事などで株が紙くず同然になったりすることもあります。その危険性は重々ご承知ください。

投資で税金を払うのはバカバカしい

金持ちの投資方法である「配当金で収入を得ること」を行った場合、考えておきたいのが税金の問題です。

株の配当金には約20％の税金がかかります。金持ちにとっては、税金20％であればそう高くはありません。しかし、庶民にとって税率20％というのはかなり高いです。自分の所得税とほぼ同じか、若干高いくらいです。

これをみすみす取られてしまうのは**バカバカしい**ものです。

現在の税制では、一定金額までの投資ならば税金は課せられないという制度がつくられています。いわゆるＮＩＳＡです。証券会社などがよく宣伝しているので、聞いたことがある人も多いはずです。

このＮＩＳＡを使った「庶民の投資」であれば、税金をほぼゼロにすることができます。だからＮＩＳＡを使わない手はないのです。

ただしＮＩＳＡを使うには、いろいろと条件があります。

そのことを順にご説明したいと思います。

簡単に言えばＮＩＳＡというのは、年間１２０万円までの投資なら、そこから得た値上がり益や配当金（分配金）は非課税になる、という制度です。

現在の株の配当などに対する税率は、20・３１５％の税金がかかることになっています。つまり株の配当を受け取ったような場合、その20・３１５％が税金として取られるのです。

しかし、ＮＩＳＡを利用していれば、これがゼロになるのです。

ＮＩＳＡは、年間１２０万円ずつ投資の枠がもらえ、これを5年間続けることができます。だから最大枠が６００万円となります。最大６００万円までの投資について、そこから得た**値上がり益や配当金（分配金）は非課税になる**わけです。

注意したいのが、このＮＩＳＡが有効なのは5年間だけということです。

どういうことかというと、1年目に１２０万円の投資をしたとします。この１２０万円の投資に対する利益が非課税になるのは、5年間だけなのです。6年目には税金がかかってくるのです。なので、1年目の１２０万円分の投資は、そのまま持ち続ければ、税金がかかることになります。

しかし6年目には、1年目の１２０万円の枠がなくなることで、１２０万円の枠が一つ増えます。だから1年目に投資した株などを新しい枠に取り込むという形で、そのまま持ち続けることも可能です。その辺は、ちょっとややこしいので実際に取り引きをするときには、証券会社の人と相談してください。

とにもかくにもNISAに入れれば、年間120万円、総額で600万円の投資に対する税金がかからないということです。

どうすればNISAを始められるか？

NISAを始めるには、証券会社に口座をつくらなければなりません。

現在、証券会社各社にとってNISAの口座はドル箱ですので、どの証券会社も問い合わせをすれば、喜んで教えてくれるでしょう。

ただ対面販売の証券会社よりも、ネットの証券会社のほうが株の売買手数料が安くて済みます。なので、ネットで証券口座をつくれる人は、**ネットの証券会社を利用したほうがいい**でしょう。ネットでの証券口座の開設は、そう難しいものではありません。先方から送られてくる書類に、必要事項を記載するだけです。クレジットカードの申し込み程度の作業で済みます。

でも、今まで証券口座をつくったことがない人は、いろいろ不安でしょうから、NISAの内容などを詳しく聞きたい人は、無理をせずに対面の証券会社でつくりましょう。

また証券会社は、いろいろ選べますので、いくつかの会社をじっくり検討してみましょう。一つの証券会社で説明を受けて、それですべてお任せするようなことは避けたほうがいいでしょう。

なぜなら、いったん証券会社でNISAの口座をつくった場合は、他社に乗り換えるときに非常に面倒な手続きが必要となるのです。自分はどういう投資をするのかをまず決めて、各証券会社がどういうときに手数料がいくらかかるのか、などを詳細に検討してから口座をつくってください。

NISAのデメリット

「NISAはいいことずくめか?」「普通の投資よりも絶対に有利なのか」というとそうでもありません。

というのは、NISAは、利益が出たときには非課税となっていますが、損が出たときの**税制上の救済措置はまったくない**のです。

普通の株投資などの税務では、一つの株で損が出たときには、他の株の儲けと合算して計算することができます。

たとえば、Aの株で200万円儲けても、Bの株で200万円損したならば、所得は差し引きゼロということになります。そして年間の合算額に赤字が生じた場合には、その赤字を翌年以降（3年間）に持ち越すことができます。

たとえば、株の取引1年目で200万円の赤字が出たとします。2年目には200万円の黒字が出たとします。この2年目の収支は前年の赤字が繰り入れられるので、差し引きゼロになるというわけです。この**赤字の繰り越しが3年間可能**なわけです。

しかしNISAでは、赤字の通算や繰り越しということができません。NISAは、もともと税金がかからないので、黒字になっても赤字になっても税金ゼロは変わりません。

だからNISAの場合は、少数の株を長期間持っていて配当金で収入を得たい人には向いていますが、株の売買を頻繁に行って利ザヤを稼ぎたい人には向いていないのです。

本書では株の売買で儲けるよりも、株を長期間保有して配当をもらうことを推奨しておりますので、**その方向で言えばＮＩＳＡは有効**なのです。

つみたてＮＩＳＡとは？

ＮＩＳＡでは2018年から従来のものに加えて「つみたてＮＩＳＡ」という制度が新たにつくられました。

「つみたてＮＩＳＡ」というのは、元来のＮＩＳＡよりも1年あたりの投資額の上限を少なくし、その代わり投資期間を大幅に伸ばし長期にわたって投資できるというものです。

具体的に言えば、非課税となる投資枠が年間40万円で、投資期間は最長20年となっています。

非課税の投資枠が従来のＮＩＳＡの3分の1になっている一方で、投資期間は4倍の20年になっているのです。だから、全期間の**投資枠は最大８００万円**になり、従来のＮＩＳＡの６００万円よりも拡大しているのです。

これだけを見ると、配当重視型の投資家には非常に有利な制度のようにも見えます。

が、この「つみたてＮＩＳＡ」は従来のＮＩＳＡと比べて大きな欠陥もあります。

つみたてNISAと一般NISAの比較

	つみたてNISAの特徴	一般NISAの特徴
利用できる人	日本国内に住む20歳以上の人 ※1	
投資できる商品	条件を満たす株式投資信託またはETF ※2	株式投資信託、ETF、個別株、REIT（レバレッジ型投資信託は除く）
投資の形	積み立てのみ	積み立て投資でも、好きなタイミングでもOK
商品の買い替え	自由だが、新規の買い扱いになり、その分、非課税枠が減る	
新規に投資できる期間	2018～2024年	2028年まで
非課税となる期間	最長20年間	投資した年から5年間。さらに5年の延長（ロールオーバー）ができる
非課税となる投資額	毎年40万円まで	年120万円（2024年以降は122万円）
節税のメリット	普通分配金、売った利益は非課税	
投資額の上限（累計）	2022年から始めれば840万円（40万円×21年）	2025年までは480万円（120万円×4年）、2024年から2028年までは610万円（122万円×5年）
資金の引き出し（売却	いつでもできる（枠の再利用は不可）	

※1 2023年以降は18歳以上の人。
※2 条件は、投信報酬が低いこと、販売手数料が無料、毎月分配型でないことなど。

それは「つみたてＮＩＳＡ」は、投資できる商品が非常に限られているということです。「つみたてＮＩＳＡ」では、金融庁が承認した金融商品（投資信託）のみにしか投資できないのです。もちろん金融庁が厳選しているわけですから、そう大きな痛手を被ることはないと思われます（が、原則として投資の結果については自己責任です）。

そして不便なことに、従来のＮＩＳＡと「つみたてＮＩＳＡ」は、併用することはできないのです。

だから「つみたてＮＩＳＡ」を選択した人は、従来のＮＩＳＡは使えないのです。

「つみたてＮＩＳＡ」は、長期間にわたって安定的に積み立てるときには適しているといえます。が、自分の力で運用できる範囲は非常に狭いものとなります。

だから、自分で投資する企業を選びたい人は従来のＮＩＳＡを選び、安全な株式投資を積み立て式にやりたい人は「つみたてＮＩＳＡ」がいいでしょう。

第3章

金持ちを守る〝プライベート・カンパニー〟

プライベート・カンパニーとは？

金持ちがよく用いる節税アイテムとしてプライベート・カンパニーがあります。

プライベート・カンパニーは、その人の**事業や資産を管理するためにつくった会社**です。

会社というと、何か大げさな感じがしますが、要は自分の事業や持っている不動産などを**「会社名義にする」**ということです。

一般の方にとっては、「会社名義にする」とはどういうことか、それでどういう得になるのか、たぶんピンときませんよね？　これは、慣れない人にとっては、非常にややこしい話なので、簡単に一から説明していきましょう。

プライベート・カンパニーといっても、要は「会社」のことです。

会社は、要件さえ満たしていれば、誰でもつくることができます。その要件は、「法人登記する」だけです。法人登記も、資本金と登記料、役員名簿などを準備すれば、すぐにできます。資本金も、今ではほとんどゼロでもいいことになっていますので、事実上、登記にかかるお金（登記費用、司法書士への報酬など）だけを用意すれば、会社はつくれるのです。

そして、どんな小さな会社であっても、法人登記さえしていれば、法律上は「会社」ということになります。従業員が何万人もいる大企業であっても、個人でつくったプライベートな会社であっても同じように、法律的には「会社」という枠組の中に入るのです。

実は個人事業者と会社の違いは何かというと、法人登記しているかどうかだけなのです。同じような事業を営んでいても法人登記をしていれば、会社になり、法人登記をしていなければ個人事業になります。

従業員が一人しかいない小さな事業所であっても、法人登記をしていれば、「会社」になりますし、従業員を何百人も抱えている事業所であっても、法人登記をしていなければ個人事業ということなのです。

そして法人登記をしているかいないかだけで、法律上の取り扱いは大きく変わります。たとえば、税法では法人登記をしていれば**「法人税法」**の対象となり、法人登記をしていなければ**「所得税法」**の対象となるのです。法人税と所得税では、税金の計算の仕方がまったく違います。会計のやり方から違ってくるのです。

同じような事業をしていても、法人登記をしているかどうかだけで、払う税金の種類が違ってきますし、税額も全然違ってくるのです。

法人登記をすれば、さまざまな節税策を施すことが可能になります。**金持ちはそれを駆使して合法的に税金を逃れているのです。**

本章ではそのスキームをご紹介したいと思います。

社長一人の会社をつくる目的とは？

まずプライベート・カンパニーをわかりやすく例示したいと思います。

ネット関連の会社を経営しているAという人物がいます。

A社長はもともとは、IT企業のサラリーマンでした。自分のアイディアをビジネスに生かしてみたいと思い、独立に踏み切ったのです。

A社長の会社の年商は2000万円です。設立5年目の会社としては、まあまあの数字だといえます。5年の間、右肩上がりとはいえないが着実に成長しています。

A社長は、税金について非常に詳しく、ありとあらゆる手を使って節税をしています。

そのため、彼は非常にいい生活をしているにもかかわらず、税金は非常に安いのです。ほとんど無税といってもいいほどです。

しかし、無税といっても生活レベルが低いわけではありません。彼は平均的サラリーマンクラスの筆者よりも、よほどいい暮らしをしています。

A社長の会社は、都心近くのマンションの一室にあります。超高級マンションではありませんが、安っぽいものでもありません。Aの会社以外にいくつかのベンチャー企業が居を構えています。

A社長は、朝からホテルのレストランで朝食をとったり、高級外車を乗り回したり、毎日のようにスポーツジムで汗を流すという優雅な生活をしています。

税金を払っていないのに、なぜそんな優雅な生活をしているのかというと、A社長は**税制のカラクリを最大限利用している**からなのです。

A社には、A社長のほかは社員はだれもおらず、社長一人の会社です。

社長一人の会社というと、一般の人にはピンとこないかもしれません。会社というのは、何十人、何百人もの社員が働いているもの、というイメージを持っている人がほとんどでしょう。

でも、日本の大半の会社は社員数名程度の零細企業なのです。社長一人か、社長とその家族だけでやっている会社も相当数あります。

「そんなに事業規模が小さいのだったら、わざわざ会社をつくる必要はないのじゃないか?」

と思う人もいるかもしれません。

もちろん、建前から言えばそうです。

会社というのは、そもそも大勢の人から資金を集め、個人ではできない大きな事業をするためにあるものなのですから。

しかし小さな会社というのは、そんな目的ではつくられていません。

個人事業と法人の基本的な違い

	個人事業者	法人
開業・設立手続き	設立登記不要・簡易手続き	設立登記必要・手続き煩雑
設立費用	不要	25万円程度
資本金	不要	1円以上
赤字	赤字の繰越は3年間	欠損金の繰越は10年間
給与所得控除	代表者は事業所得者のため給与所得控除なし	代表者の給与所得から、給与所得控除を差し引いた金額が課税対象
消費税	前々年の課税売上高が1,000万円を超えていれば納税義務	期首資本金が1,000万円未満なら、第1期、第2期は原則、免税
交際費	制限なし	一部制限あり
経営者の給与	経費にならない	経費になる
家族従業員への給与	税務署へあらかじめ給与額の届け出が必要	基本的に毎月一定の給与額なら、届出不要で損金算入可。配偶者控除、扶養控除は収入が低ければOK

どういう目的でつくられているかというと、一番の目的は、**税金を安くするため**です。

儲かっているのに帳簿上は赤字

A社長の会社は、**赤字なので法人税はゼロ**です。

そしてA社長の所得税は10万円程度です。これは年収200万円程度の派遣社員よりも少ないのです。かといって、A氏が貧しい生活をしているわけではありません。

家賃20万円のマンションに住み、高級車に乗っています。年間の遊興費は300万円を下らないでしょう。

ここに**「会社の税金のカラクリ」**があるのです。

よく「会社をつくれば税金が安くなる」と言われます。でもこれは、一般の人には、なかなかわかりにくいところではないでしょうか?

なので、その点をちょっとご説明しましょう。

サラリーマンが独立して事業を始めるとき、その形態は二つあります。

個人名義で事業を行う「個人事業」と、会社をつくって行う「法人事業」です。

個人事業の場合は、その事業者に個人の所得税、住民税がかかります。しかし法人事業（会社）の場合は、法人税、法人住民税がかかるのです。

税金の計算方法も違ってきます。

個人事業のほうは、単純です。売上から経費を差し引いた額が「所得」ということになり、その所得に対して税率がかけられます。

法人（会社）の税金も個人事業と同じように、基本的には売上から経費を差し引いた額「法人所得」に対して、税率がかけられます。ただし法人の場合、役員への報酬も経費の中に含めることができるのです。つまり法人（会社）の場合、

個人事業者と会社の税金の仕組み

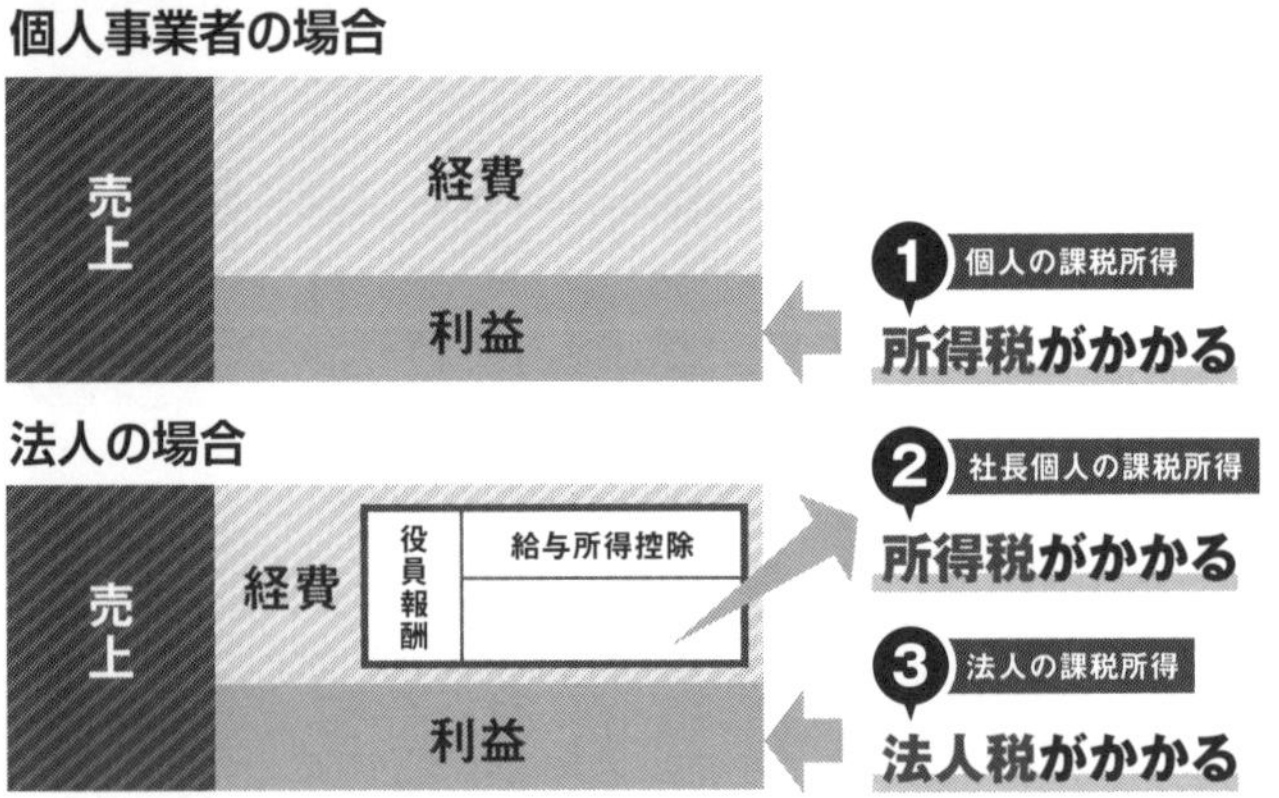

＊個人事業者の場合は、売上から経費を引いた残りすべてに課税されますが、会社の場合は、社長の給料（役員報酬）自体も経費化できます。社長の給料そのものにも給与所得控除（経費）が認められるため、法人全体にかかる課税所得を下げることができます。つまり、(1)個人の課税所得が、(2)社長個人の課税所得＋(3)法人の課税所得よりも多い場合は、会社のほうが得だということになります。

社長も社員もみな、会社から報酬を受け取っているという建前になります。

個人事業者は事業の利益はすべて事業者のものという形になり、事業の利益自体に税金が課せられることになります。

しかし会社の場合は、事業の利益からさらに社長本人の報酬を差し引いた残額に対して税金が課せられるのです。

このシステムをうまく使えば、**会社は非常に税金を安くできる**のです。

たとえば、売上が3000万円で、経費が2000万円の事業があったとします。利益は1000万円のはずです。

これを個人事業で行ったならば、利益の1000万円がそのまま所得となり、この1000万円に対して所得税がかかってきます。

しかし、同じ事業を会社で行った場合、利益となるはずの1000万円を社長やその家族などに報酬、給料として支給すれば、会社の所得は差し引きゼロになってしまい、会社の税金は無しになるのです。社長やその家族の税金も収入を分散することで安くできるのです。

会社をつくれば税金が安くなる、とは簡単に言えばこういうことです。

なぜ会社をつくれば税金が安くなるのか？

会社の税法上の恩恵は、何と言っても**さまざまな経費を計上できる**ことにあります。

会社の税金（法人税、法人事業税）というのは、会社の利益に対して課される税金です。利益とは、簡単にいえば売上から経費を差し引いた残額のことです。だから経費が多ければ多いほど、税金は安くなるということになります。

会社の業務というのは、さまざまな経費を計上できます。そのため、税金のかかる収入が低く抑えられ、税金が安くなるのです。

事業の経費というと、商品の仕入れ代金や、事務所の維持費などぐらいしか思い浮かばない人も多いでしょう。しかし、事業の経費というのは、けっこう広範囲に認められているのです。

たとえば、会社の社宅という形にして、マンションを購入することもできます。購入費を会社の経費で落としながら、マンションを入手することができるのです。

また賃貸マンションを会社の借り上げにして、家賃を会社の経費で落とすこともできます。A社長も家賃20万円のマンションに住んでいますが、会社の名義で借りているものです。

社用車にしてもしかりです。A社長は、400万円もする高級車に乗っていますが、この車は社用車です。

「高級車は会社には関係ないのだから、会社の経費で買うのはおかしい」

と普通の人は思うかもしれません。

確かに個人的に使う高級車を会社の金で買うことは、世間一般的には許されるものではありません。

しかし、その車が会社の名義であり、少しでも会社の業務で使っているならば、立派に社用車として通用してしまうのが、今の税制なのです。

給料のほかに交際費が800万円

中小企業の社長さんの中には、とんでもなくお金を持っている人もいます。大企業の役員などよりも、よほど経済力がある場合もあります。

なぜそんなことになっているのかというと、彼らには**財布が二つある**からなのです。

彼らには、**「自分の報酬」**と**「会社の経費」**という二つの財布があります。

特に接待交際費は、年間８００万円も使えるのです。接待交際費というのは、実は中小企業の特権なのです。現在の税法では、原則として接待交際費は損金（税金のかからない経費）に算入できません。しかし、資本金１億円以下の中小企業は、年間８００万円までは、**接待交際費が損金として計上できる**ことになっています。

中小企業の社長さんがお金を持っているのは、この接待交際費のおかげといえるのです。

接待交際費とは、事業に関係する接待交際

交際費として認められる主な支出

- 接待などでの飲食代
- 交流会やイベントへの参加費
- お中元やお歳暮
- ご祝儀や香典
- お車代
- 取引先への商品券やギフト券
- 取引先との旅行代
- 接待ゴルフ
- 取引先へのお土産など贈答品
- 会食、宴会費用

にかかった費用のことです。原則として事業に関係する接待交際費ならば、会社の経費に計上できますが、これが普通のサラリーマンならばなかなかそうはいきません。会社の業務に関係する費用であっても、会社がすんなり出してくれるとは限らないからです。また大企業はそもそも接待交際費の非課税枠がありません。

しかし中小企業の経営者だったなら、会社の金を使うかどうかは自分で決めることができるので、会社の懐に応じて接待交際費を出すことができます。会社が儲かっていれば、その分を飲み食いに使うことができるわけです。

「儲かったからといって取引先の接待で、そんなにお金を使うのはもったいない」

そう思った人も多いでしょう。

しかし税法で認められている接待交際費は、**取引先の接待に限ったものではありません。**けっこう広範囲に認められているのです。

従業員を連れて飲み歩くときも接待交際費になるし、仕事上の友人など少しでも仕事に関係していれば、接待交際費とすることができるのです。じっさいに税務署は、接待交際費の相手まで細かく調べることはないので、事実上、経営者にとって**接待交際費は使い放題**なのです。

Ａ社長も接待交際費を年間３００万円以上使っています。休日を除けば1日に1万円以上使える計算になります。

会社経営者はサラリーマン？

会社経営者というのは、税法上の定義ではサラリーマンということになります。

自分の資金で会社をつくった場合でも（つまりオーナー社長の場合でも）、税法の上ではサラリーマンとなるのです。

社長は、会社から報酬をもらう「雇われ人」という形になります。そしてその報酬は、サラリーマンの給料と同じ扱いになります。だから、社長はサラリーマンなのです。

ところでサラリーマンというのは、実は自営業者などにはない税法上の恩恵があります。

「給与所得者控除」が、それです。

給与所得者控除とは、給料に対して全額が税金の対象になるのではなく、一定の金額を割り引いた残額に税金をかける、という制度です。

給与所得者控除の金額は、次の算式によって求められます。

たとえば、年間給料の額が600万円の場合、収入の20%プラス44万円なので、164万円となります。この164万円が給料の額から差し引かれるので、600万円マイナス164万円で、436万円が税金のかかる収入ということになるのです。

つまり、サラリーマンは600万円の給料をもらっていても、税金の対象となるのは436万円で済む、ということです。

なぜこのような制度があるのかというと、サラリーマンは他の事業者のように必要経費が認められていません。普通、税金というのは、収入から必要経費を差し引いた残額に課せられるものです。しかしサラリーマンは、必要経費が認められていないので、収入にそのまま税金が課せられてしまいます。それでは不公平なので、サラリーマンも一定額を必要経費として認めましょう、ということになったのです。

それが給与所得者控除というものです。

サラリーマンであればだれでも、必要経費が多いものも少ないものも金額に応じて控除が受けられるのです。

そして会社経営者の場合は、建前の上では会社から報酬をもらって仕事をしているサラリーマンなので、当然、この「給与所得者控除」が受けられます。

つまり会社経営者も他のサラリーマンと同じように、給料の全額に税金が課せられるのではなく、一定の金額を差し引いた残額に税金が課せられるのです。

だから会社経営者の場合、自営業者と同じように会社でさまざまな経費を計上できる上に、サラリーマンの特典である「給与所得者控除」も受けることができるのです。

ようするに自営業者の税法上の恩恵と、サラリーマンの税法上の恩恵、両方を受けられるというのが、会社経営者なのです。

会社名義のキャンピングカーも持てる

A社長は、非常に安い税金しか払っていないにもかかわらず、キャンピングカーも持っているのです。持っているといっても、**名義は会社のもの**となっています。

キャンピングカーをなぜ会社が所有できるのか？　と疑問に思った人も多いでしょう。

キャンピングカーを使って事業をやっている会社ならば別として、普通の会社がキャンピングカーを持つのはおかしいんじゃないか、と。

しかし会社の経費の中には、福利厚生費というものが認められています。だから福利厚

郵便はがき

料金受取人払郵便

牛込局承認

9026

差出有効期間
2025年8月19
日まで
切手はいりません

162-8790

東京都新宿区矢来町114番地
神楽坂高橋ビル5F

株式会社ビジネス社

愛読者係 行

ご住所 〒 TEL: ( ) FAX: ( )			
フリガナ お名前		年齢	性別 男・女
ご職業	メールアドレスまたはFAX メールまたはFAXによる新刊案内をご希望の方は、ご記入下さい。		
お買い上げ日・書店名 年 月 日 市区町村 書店			

ご購読ありがとうございました。今後の出版企画の参考に
致したいと存じますので、ぜひご意見をお聞かせください。

書籍名

お買い求めの動機

1　書店で見て　　2　新聞広告（紙名　　　　　　　　）

3　書評・新刊紹介（掲載紙名　　　　　　　　）

4　知人・同僚のすすめ　　5　上司、先生のすすめ　　6　その他

本書の装幀（カバー），デザインなどに関するご感想

1　洒落ていた　　2　めだっていた　　3　タイトルがよい

4　まあまあ　　5　よくない　　6　その他(　　　　　　　　)

本書の定価についてご意見をお聞かせください

1　高い　　2　安い　　3　手ごろ　　4　その他(　　　　　　　　)

本書についてご意見をお聞かせください

どんな出版をご希望ですか（著者、テーマなど）

生の一環としてキャンピングカーを購入するのです。

前述したように、A社長の会社は、従業員はA社長一人だけです。社長一人の会社でも、福利厚生でキャンピングカーを所有することが許されるのでしょうか？

これは明確な判例はありませんが、**理論的には可能**なのです（社会通念上どうかという判断で否認される可能性はありますが、まだこういうケースでの判例はありません）。

社長一人の会社であっても、会社と社長個人は別個の存在という扱いになります。だから、大会社と同じように福利厚生費を出しても差し支えないのです。

キャンピングカーは、節税アイテムとして優秀でもあります。なぜかというと耐用年数が短いからです。キャンピングカーの耐用年数は6年です。でも、キャンピングカーは10年以上は普通に使えます。

もし4年落ちの中古キャンピングカーを買えば、最初の1年で全額を原価償却できます。だから、800万円のキャンピングカーを買えば、最初の1年で800万円の会社の利益を削ることができるのです。

会社という無税スキーム

このように金持ちというのは、会社というスキームを上手に使い、巧みに税金を免れています。

前項までで紹介したA社長は自分一人でやっている会社ですが、家族でやっている会社も多々あります。社員は社長の家族ばかりでやっているような会社です。この手の会社は、日本では非常に多いのです。

おそらく日本の会社の7割から8割は、この手の会社ではないでしょうか？

そしてこういう家族会社は、負担している税金というのが**恐ろしく安い**のです。

典型的な会社をご紹介しましょう。

筆者が、国税調査官時代に税務調査をしたW社の話です。

W社は水道工事を営んでいる会社で、社長以下、役員、社員はすべて家族という典型的な家族会社でした。

売上は年間3000万円程度ありましたので、その地域ではまあまあの会社でした。しかし、この会社はいつも赤字か、所得ゼロで申告していました。

その理由は、**人件費**でした。

この会社は儲かっているときには、**決算期にボーナスを払って利益を相殺してしまう**のです。だから、利益が出ないようになっているのです。

でも、ボーナスを支払っている社員というのは、社長の家族なわけです。つまり自分の家族にボーナスを払うことで、会社の所得をゼロにして法人税などを免れているのです。

この一家は豪邸に住み、家じゅうに豪華な家具や電化製品がありました。車も、社長用、社長の妻用、社長の父親用と三台も持っていました。それもほとんどが会社の経費で買ったものなのです。

会社という無税スキームを最大限使っているといえます。

一家が払っている税金は、家族すべての所得税、住民税を合わせても十数万円に過ぎません。当時の筆者は、年収300万円に満たない安月給でしたが、その安月給の筆者よりも、この一家全体が払っている税金のほうが少なかったのです。

なぜそうなっているのかというと、給料を家族でうまく分散していたからです。

社長の報酬は年間300万円程度、会長である社長の父親も300万円程度、社長の妻は100万円、社長の母親も100万円、また大学生の娘、高校生の息子にもアルバイト代としてそれぞれ100万円近く払っているのです。

日本の所得税は累進課税の制度をとっており、収入が多くなるほど税率が高くなるように設定されています。

普通、1000万円を一人の収入としてもらえば、200~300万円程度の税金が発生します。しかし、W一家は1000万円の収入を家族できれいに分散しているので、一人あたりの収入は最高で300万円となっています。300万円ならば、税金は多くても数十万円で済むのです。

しかも妻や子供たちは、会社から報酬をもらっていますが、扶養からはずれない程度の金額に抑えているために、**扶養控除などの特典はしっかり享受**しているのです。

だからW社長は、「年収300万円で妻と二人の子供を養うサラリーマン」ということになっているのです。「年収300万円で妻と子供二人を養っている」のならば、税金はほとんどゼロです。社会保険料も驚異的な安さです。

大豪邸に住んで実質的に年収1000万円の暮らしをしているのに、です。

家族に給料を払って、税務署は文句を言わないのか？

「会社がそんなに家族に給料を払って、税務署は文句を言わないのか？」

と疑問を持った読者も多いでしょう。

しかし、家族への給料というのは、実は**税法の抜け穴的なモノ**であり、一定の手順を踏んでいれば税務署は文句を言えないのです。

給料は仕事に対して払われるものであり、ただ収入を分散するために家族に給料を払っていたとしたら、税務署は当然、指摘します。

しかし、実際にある程度の仕事をしていれば、その給料を税務署が否認することは非常に難しいのです。

W社では、現場の仕事は社長がやり、忙しいときは社長の父親が時々仕事を手伝っていました。妻は経理を少しやり、母親は事務所の掃除などをしています。娘は妻の経理の仕事を少し手伝い、息子は現場の手伝いを少ししているのです。

彼らの仕事については日報に残されており、税務署としてはそれを認めざるを得ません。

日本の税務申告というのは、原則として納税者側の提出した申告を認めることになっており、税務署がW社に対して「その給料はおかしい」と否認するには、税務署側が「家族は仕事をしていない」という証拠を出さなくてはならないのです。

W社の家族社員が、その給料に応じた仕事を本当にしているかを確認するためには、ほかの社員や近所の人などに聞き取りを行うしかありません。

しかしW社には家族以外の社員はいないので、家族で口裏を合わせておけばアリバイは完璧です。W社の業務はすべて家族の中で行われていることであり、家族以外の者はそれが本当にされているものかどうか、だれにもわからないのです。

つまりW社の場合、家族に給料を払っているのはおかしいと思っても、税務署がそれを否認することはできないのです。

また、仕事に対して著しく給料が高ければ、税務署は否認することができますが、彼らの給料は高くても父親の年間300万円であり、妻や子供たちは100万円程度しかもらっていません。この程度の給料であれば、**税務署が高すぎるとして否認することは非常に難しい**のです。

なぜ彼らは会社の利益を出さなくていいのか？

ここまで読んでこられて、こういう疑問を持たれた人も多いのではないでしょうか？
「会社の経営者が、会社の利益を出さないようにするとは本末転倒ではないか」と。
会社の利益を出すのが、会社経営の目的であるはずです。なのに、利益を出さなくていい、むしろ出したら困る、というのはおかしな話ではありません。特に、多くのサラリーマンにとっては腑《ふ》に落ちない話でしょう。会社の利益を上げるために、毎日奮闘しているのですから。

ここに、**日本の会社制度の奇妙なカラクリ**があるのです。

一般の会社のサラリーマンが、なぜ会社の利益を出さなくてはならないか、というとそれは**株主のため**です。

会社は本来、株主が投資をし、会社の役員や社員はその金を使って利益を上げる、その利益を株主に配当という形で還元する。会社とは、そういう仕組みを持ったものです。

だから、普通ならば会社は利益を上げなければ話にならない、ということになります。

しかし日本の会社の9割以上は、オーナー社長の会社です。どういうことかというと、経営者が自分で全額出資して会社をつくっているのです。つまり**株主と社長が同一人物**ということです。

そういう会社では、別に利益を出して株主に配当をする必要はありません。むしろ、利益を出して配当を出すことは、会社にとって損です。利益には法人税がかかるし、配当には、株主に対する所得税がかかります。

利益を出さずに経費として使ってしまったほうが、節税になるのです。

まあ、オーナー社長の会社であっても、銀行から融資を受けなければならない会社などでは、利益を出さなくてはならない場合もあります。

銀行は赤字の会社にはなかなかお金を貸してくれないので、税金を払ってでも黒字にする必要があるのです。それ以外のオーナー社長の会社は、黒字にする必要性はあまりないのです。

自社ビルを無税で息子の名義にする方法

税務調査を行っていると、**調査官でも思わずうなってしまう**ような、節税策、資産管理術をしている経営者に出くわすこともあります。

そういう社長こそ、本当にズル**“賢い”**人だといえます。

その代表格をご紹介しましょう。

建設資材の販売業を営んでいるE社の話です。この会社の社長は若い頃から建設現場で働いていたため耳が遠くて声が大きいのです。非常にがさつな印象を与えるこの人、実は**節税の達人**だったのです。

社長の手控え帳には、細かい字でびっしりと経理関係のことが書き込まれています。一つ一つの取引ごとの経費、利益率などがよくわかるようになっています。それを基に税金も計算し、決して払い過ぎないように、でも赤字にならないように操作されていたのです。

そして社長の税金対策は、会社のことだけではありませんでした。

自分の資産も上手に分散し、決して相続税などがかからないようにしていたのです。

相続税というのは、おおまかにいって3000万円以上の資産を持っている人が死んだ場合、それを譲り受けた遺族にかかってくるものです。相続税を逃れようと思えば、資産が3000万円を超えないようにあらかじめ分散しておかなければなりません。

しかし自分の資産を家族に分け与えれば、贈与税がかかってしまいます。単に分け与えるだけではない**「巧妙な方法」**を使わないと、資産の分散はできないのです。

E社の資産分散方法は、非常に巧妙でした。

この会社、小さいながらも一応自社ビルを持っていました。しかし、その自社ビルの名義は、大学を出たての息子になっていたのです。

税務調査の中で、筆者はこの点を不審に思い、社長を追及しました。

「大学を出たばかりの息子にビルが建てられるわけはない。息子にビルを買い与えたのであれば、贈与税が発生するはずです。もし息子が自分の金で建てたとして、その金は社長が出したはずです」

そう言って社長を問い詰めたのです。

しかし社長は平然として私に言いました。

社長「会社の決算書をよく見てください。会社から毎月息子に賃貸料が支払われているでしょう。息子はその賃貸料で、ビルの建設費を払っているのです」

私「でも建てたのは、息子さんじゃありませんよね」

社長「いいえ、息子です。息子は私にお金を借りてビルを建てた。そして会社の賃貸料から、私に借金の返済をしているのです」

つまりE社では、社長が息子にお金を貸し、息子はそのお金でビルを建て、会社から支払われる賃貸料でビルの借金を返しているというのです。

大学を出たばかりの資産力のない息子であってもお金を借りることはできるし、借りたお金でビルを建てることもできます。

お金をあげれば贈与税がかかりますが、貸すだけならばかかりません。きちんと借用書をつくって利子も取っていれば、親子といえども借金として認められます。すべて**つじつまは合っている**のです。

実際のところ、E社の自社ビルは、社長と会社の力で建てているわけです。

しかし、こういう形態をとっていれば、税務署は息子の名義だからといってそれを否認することはできません。

つまり社長は合法的に会社の金を息子に移しているのです。私は、これほど税金に強い人をそれまでも、その後も見たことがありません。

サラリーマンでも経費計上する方法がある

このように、金持ちは会社という組織を使ってうまく税金を逃れているわけですが、サラリーマンは原則として自分で確定申告はしないので、経費を自分で申告することはできません。

が、あまり知られていませんが、実は現在の税制では、サラリーマンも一部の経費を申告することが認められているのです。

一定の条件をクリアすれば、交際費などを経費として計上し、その分、税金の対象から差し引くことができるようになったのです。

この制度は、**「特定支出控除」**というものです。

サラリーマンが、特定の支出が生じた場合には、それを給料から差し引いてあげましょう、というものです。これは、サラリーマンは、仕事上、いろんな経費が生じるのに、それをきちんと計上できない、という国民からの批判にこたえる形でつくられた制度です。「特定支出控除」がつくられた当初は、通勤費用が高額な人、単身赴任などで帰省費用が著しくかかる人などに限定された制度で、とても使い勝手が悪いものでした。この制度を利用する人は年間数十名程度という、ほとんど有名無実の制度でした。

しかし、「だれも使っていない役に立たない制度」ということで批判されたため、これが平成25年に拡充されることになったのです。

この拡充により、通勤費用や転勤費用、技能習得費などの特定支出のみならず、一定の条件を満たせば交際費や書籍代や衣服費も計上できるというのです。

一定の条件というのは、**「会社の業務に関する費用であること」**なので、会社経営者の費用計上の条件と同じです。つまり、サラリーマンは経営者に近いような費用計上の権利を少しだけ手にしたのです。

特定支出控除の条件

特定支出控除の条件についてご説明しましょう。

特定支出控除というのは、サラリーマン（派遣社員などの非正規雇用も含まれる）が特定の支出が一定以上あったときに、それを課税対象給料から差し引いてあげますという制度です。どのくらいの支出があったときに控除の対象となるかというと、**「給与所得者控除」の半分以上**です。

「給与所得控除」は、サラリーマンにはあらかじめ収入に対して一定の割合で控除されるものです。サラリーマンも、業務上いろんな経費がかかるけれど、自営業者のように経費を計上できないので、収入から一定の割合を経費として認めましょうという制度です。

たとえば、年収400万円の人の給与所得者控除は124万円になります。

この124万円の半分の62万円以上の特定支出があった場合は、超えた分だけ控除額を上乗せしましょう、という制度が「特定支出控除」です。

もし年収400万円の人に100万円の特定支出があった場合には、100万円－62万円で、38万円が特定支出控除の額となるのです。

そして特定支出控除に該当する費用には、どんなものがあるかというと次の7種類です。

1 一般の通勤者として通常必要であると認められる通勤のための支出（通勤費）

2 勤務する場所を離れて職務を遂行するための直接必要な旅行のために通常必要な支出（職務上の旅費）

3 転勤に伴う転居のために通常必要であると認められる支出（転居費）

4 職務に直接必要な技術や知識を得ることを目的として研修を受けるための支出（研修費）

5 職務に直接必要な資格を取得するための支出（資格取得費）

※弁護士、公認会計士、税理士などの資格取得費も特定支出の対象となります。

6 単身赴任などの場合で、その者の勤務地または居所と自宅の間の旅行のために通常必要な支出（帰宅旅費）

7 次に掲げる支出（その支出の額の合計額が65万円を超える場合には、65万円までの支出に限ります。）で、その支出がその者の職務の遂行に直接必要なものとして給

与等の支払者より証明がされたもの（勤務必要経費）

（1）書籍、定期刊行物その他の図書で職務に関連するものを購入するための費用（図書費）

（2）制服、事務服、作業服その他の勤務場所において着用することが必要とされる衣服を購入するための費用（衣服費）

（3）交際費、接待費その他の費用で、給与等の支払者の得意先、仕入先その他職務上関係のある者に対する接待、供応、贈答その他これらに類する行為のための支出（交際費等）

なお、これらの7つの特定支出は、いずれも給与の支払者が証明したものに限られます。

つまりは資格取得費用やら接待交際費、書籍代などが一定の金額を超えた場合には、控除の対象となるというわけです。

平均的サラリーマンならば、これらの費用がだいたい60万円以上かかった場合には、**60万円を超えた部分が特定支出控除の対象**となるわけです。

これらの支出だけで60万円を超えるというのは、けっこう難しいかもしれません。でも、資格取得に励んでいる人などは、交際費や書籍代などと合わせれば、十分にチャンスはあると思います。

サラリーマンは、**知っていて損はない**情報だといえるでしょう。現在、毎年2000人近くのサラリーマンがこの制度を使って節税しています。まだ5%以下しか使っていないので、もっと活用していただきたいものです。

サラリーマンが副業して節税する方法

サラリーマンが経費を使って節税するには、副業する方法もあります。

その方法とは次のようなものです。

税金が課せられる所得には、給与所得、事業所得、不動産所得など10個の種類があります。この所得の種類は、一人が一個とは限りません。

サラリーマンをやりながら不動産収入がある人もいるので、所得の種類が複数ある人もいるのです。

そういう人の場合は種々の所得を合計して、その合計額に対して税金が課せられることになります（ただし所得の中には譲渡所得のように「分離課税」となっているものもあり、その場合は単独での計算となります）。

そして給与所得と事業所得がある人の場合、二つの所得は合算されることになっているのです。

たとえば、給与所得が500万円、事業所得が500万円あった場合、この人の所得は1000万円ということになります。

ところで事業所得には「赤字」を計上することが認められています。つまり事業所得はプラスだけではなく、マイナスになることもあるのです。給与所得と事業所得がある人が事業所得に赤字があれば、その**赤字を給与所得から差し引くことができる**ことになっています。

たとえば、給与所得が600万円、事業所得の赤字が300万円あった場合、この人の所得は600万円－300万円で、300万円となるのです。

この人の場合、会社の源泉徴収では、600万円の所得として税金が差し引かれています。でもこの人の合計所得は300万円しかないので**納め過ぎの状態**になっているのです。

これを税務署に申告すれば、納め過ぎの税金が戻ってくるというわけなのです。

この節税方法のキモは、**副業を事業所得として申告**することです。

本来、副業的な収入は雑所得として申告するのが普通です。

雑所得というのは、他の所得に区分されない所得、年金所得、額が小さくて取るに足らない所得などのことです。

この雑所得というのは、赤字が出ても他の所得と通算することができません。

たとえば、売上80万円で経費が100万円だった場合、雑所得はゼロにされ、赤字の20万円は税務申告の上では無視されてしまうのです。

なので、「サラリーマン副業節税」は雑所得ではなく、事業所得として申告するのです。事業所得ならば、赤字が出た場合、他の所得と差し引きができるからです。つまり、サラリーマン副業節税は、**「副業を事業所得で申告する」**のが肝心なことです。

もちろん副業をすれば、だれでもすぐに「事業所得」として申告できるわけではありません。これまで副業を「事業所得」として申告するのか、雑所得として申告するのかの明確な線引きはありませんでした。

しかし、2022年に国税庁が「取引の記録を帳簿で残すこと」という条件で、「事業所得としての申告を認めるという通達を出しました。この取引記録は、ノート記載など簡易なものでもいいことになっています。

ただし事業の実態がないのに、**取引記録だけを残してもダメ**です。

副業を事業所得で申告するには、

・事業の実態があること
・取引の記録を帳簿で残していること

が条件だといえます。

副業で源泉徴収された税金を取り戻す

「副業で赤字を出す」

ということは、どういうことなのか、少し説明しましょう。

事業で赤字を出して税金を安くするということは、事業で損をすることでもあります。

だから普通に考えれば、税金が安くなったところで事業で損をすれば、本末転倒です。

しかし、事業の経費の中には、プライベートの支出に近いようなものもたくさんあります。そういう経費をどんどん積み上げることで、実質的に事業で損はしていないけれども、

申告上は損を出すのです。

たとえば、自分の借りているアパート、マンションなどで仕事をしていれば、「自宅の一部が仕事場になっている」ことにし、家賃の一部を経費として計上するのです。電気代、水道光熱費なども同様です。

もちろん経費は、これだけではありません。

パソコンを使って仕事をするような人は、パソコンの購入費やインターネット料金も、経費に計上するし、テレビやＤＶＤで情報を収集するような場合は、その購入費も経費に計上します。

また書籍などの資料を購入した場合も、もちろん経費に計上します。情報収集のために雑誌を買った場合も同様です。

さらに仕事に関係する人と飲食などをした場合は、接待交際費として計上するのです。つまり副業でありながらも、**実質的には経営者のような経費の使い方をする**のです。そうやって赤字を積み上げるのです。

だから実際には損をした感じではないのに、事業所得を赤字にできるのです。

副業に係る雑所得の金額の計算表

科目	内容等	金額
①総収入金額	シェアリングエコノミーや副業で得た金銭等の合計額	
②旅費交通費	取引先へ移動するための交通費（電車・バス・タクシー・高速道路料金）・出張旅費や宿泊費など	
③通信費	業務で使用する携帯電話・固定電話・切手・はがき代など	
④接待交際費	取引先との打合せのための飲食代、取引先に対する慶弔見舞金・お土産代など	
⑤損害保険料	業務で使用する車などの保険料（任意・自賠責保険）など	
⑥消耗品費	事務用品（営業用カバン・名刺・封筒）の購入費用など	
⑦会議・研修費	打合せ等で使用したレンタルスペース料、会議に伴い支出する費用、業務で使用する書籍・地図、資格試験料など	
⑧車両・燃料費	業務で使用する車のガソリン代・駐車場代、自動車修理代、車検費用など	
⑨事務所経費	事務所の家賃、水道光熱費など	
⑩租税公課	業務で使用する車の自動車税、自動車取得税、自動車重量税、組合費など	
⑪広告宣伝費	チラシ代など	
⑫仕入	販売用の商品の購入費用や原材料費	
⑬外注工賃	知人に仕事を依頼したときの依頼料など	
⑭修繕費	業務で使用するパソコンの修理費用など	
⑮減価償却費	減価償却費の計算明細書（下表）で計算します。	
⑯雑費	上記①～⑮に当てはまらない費用	
⑰必要経費の計	②～⑯までの合計額	
⑱雑所得の金額	①－⑰で求めた金額	

減価償却費の計算明細書

名称	①取得年月	②取得価額	③償却率	④使用月数	⑤償却額 ②×③×④÷12	⑥事業割合	⑦必要経費 ⑤×⑥	⑧未償却残
合計	－	－	－	－	－	－		－

国税庁HPより

サラリーマンが不動産業をして税金還付を受ける

サラリーマンが副業をして税金を取り戻す方法と似たようなもので、不動産業をして税金を取り戻す方法もあります。

どういうことか簡単にいえば、不動産業で赤字が出れば、その分を給料所得から差し引くことができるので、**給料の税金が安くなる**のです。

前項でご説明したように、税金のかかる所得というのは、いくつかの種類の所得を合わせて税金の申告をするようになっています。

そしてサラリーマンがアパート賃貸などの不動産業をしている場合、サラリーマンでの給与所得と、アパート賃貸での不動産所得は合算して、その総額に対して税金がかかるようになります。

もし不動産所得が赤字だった場合、その赤字分は給与所得から差し引かれることになるのです。

たとえば、給与所得が500万円あって、不動産所得は赤字300万円ある人がいるとします。この人の税金は、500万円－300万円で差し引き200万円に対して税金がかかることになります。

会社の経理では500万円の所得として税金が計算され、源泉徴収されていますから、当然、払い過ぎているということになります。なので、この人は確定申告をすれば、源泉徴収された税金がかなり戻ってくるのです。

この方法で、**給与所得の税金を還付してもらっている人はけっこういる**のです。

不動産業では、建物の建設費用も減価償却費として経費に計上できるので、実際には黒字になっていても、**帳簿上は赤字になることもけっこうある**のです。

ただし不動産業で大きな赤字を出してしまえば、給料の税金が安くなったところで収入自体が大きく減るわけなので、本末転倒になります。

だから不動産事業に関しては、計算外の赤字にならないように研究しなければならないといえます（不動産事業のノウハウについては、筆者は専門ではないので他書で研究してください。本書は、あくまで「不動産業を行うことによるサラリーマンの節税」を紹介するのが趣旨ですので）。

第4章

本当の金持ちは相続税も払わない

相続税は機能停止中

これまで金持ちが税を逃れる手段をいろいろご紹介してきましたが、こういうふうに思っている人もいるのではないでしょうか？

「そうは言っても金持ちは高額の相続税を払っているから、最終的にはチャラになっているだろう」と。

確かに、日本の相続税は「名目上の税率」は非常に高く設定されています。

現在の相続税の最高税率は55％となっています（6億円超の遺産をもらった場合）。なので、この名目税率の通りにいけば、金持ちは相続財産の半分以上を取られるわけです。財産の半分以上を税金として払っていても、莫大な財産の半分近くが自分に残るわけなので、金持ちであることには変わりませんが、金持ちもまあ「よく税金を払っている」ということになるでしょう。

が、が、金持ちは**そう簡単に税金など払いはしない**のです。

実際の税負担率はもっともっと低いのです。

実際の相続税税負担率はどのくらいだと思いますか？

30％くらい？

いやいや、とてもそんなには払っていません。

20％？

そこまで及んでいません。

10％？

そんなに払っていたらもっと税収は増えています。

実際に、金持ちが負担している**相続税の税率は数％**と見られているのです。

各金融機関のデータなどでは、毎年、死亡する人の「遺産」は、少なくとも年間50兆円程度だと推計されています。

相続税の税率

基礎控除後の課税取得資産	税率	控除額
1,000万円以下	10%	−
3,000万円以下	15%	50万円
5,000万円以下	20%	200万円
1億円以下	30%	700万円
2億円以下	40%	1,700万円
3億円以下	45%	2,700万円
6億円以下	50%	4,200万円
6億円超	55%	7,200万円

国税庁サイトより

しかし相続税の税収というのは、この20年ほど、だいたい2兆円で推移しています。

遺産50兆円のうち、相続税として徴収されている額は2兆円。つまり日本全体の遺産に対してたった4％しか相続税が納付されていないということなのです。

遺産の96％は、そのまま遺族に引き継がれているのです。

このように金持ちたちは相続税の抜け穴をついて、まともに払っていないのです。何十億円、何百億円の遺産をもらっているのに、さまざまな方法を駆使して、ほとんど税金を払っていないような人も多々いるのです。

武富士一族の伝説的節税スキーム

金持ちがどういうふうにして相続税を逃れているのか、その最たる例をまずご紹介したいと思います。

税務の世界では伝説となっている**「史上最大の節税」**があります。これは、貸金業の武富士の創業者一族が行った節税スキームです。

武富士という会社は、創業者が一代で築き上げたものです。

東証1部上場もしており、創業者が保有している株式の資産たるや非常に巨額になっていました（現在は事業譲渡により屋号は消滅）。

もちろん、そのまま創業者が株を持ち続けて死亡してしまえば、遺族には莫大な相続税が課されるはずでした。

その相続税を逃れるために、武富士一族はあっと驚くような節税を行ったのです。

そのスキームとはこうです。

武富士の創業者は、オランダに会社をつくり、自分の持っている武富士の株をそのオランダの会社に保有させました。オランダはヨーロッパの中では税金が安く、また銀行の情報秘匿の伝統もあり、いわゆる「タックスヘイブン」のような国です。

オランダの会社の株は武富士の創業者が持っており、実質的に武富士の会社です。が、形式の上ではオランダの会社になっており、その会社の株は**「海外資産」**となっていたのです。

そして、そのオランダの会社の株を、香港に在住している息子に譲渡し、日本の贈与税を免れたのです。

贈与税というのは、**相続税の抜け穴をふさぐためにつくられた税金**です。自分の資産を生前に家族などに贈与してしまえば、相続税は課せられなくなります。それを防ぐために、**生前に贈与した場合も税金が課される**ことになっているのです。

しかし武富士一族は、海外で資産譲渡を行うことにより、この贈与税を逃れたのです。

つまり武富士一族の贈与税を逃れるスキームは、

「海外の資産を海外に居住している者に譲渡すれば贈与税はかからない」

だから、

「資産を海外に移し、親族を海外に居住させ、海外で譲渡を行う」

ということです。

創業者氏から長男へ贈与された株式の時価

某一族の節税（?）スキーム

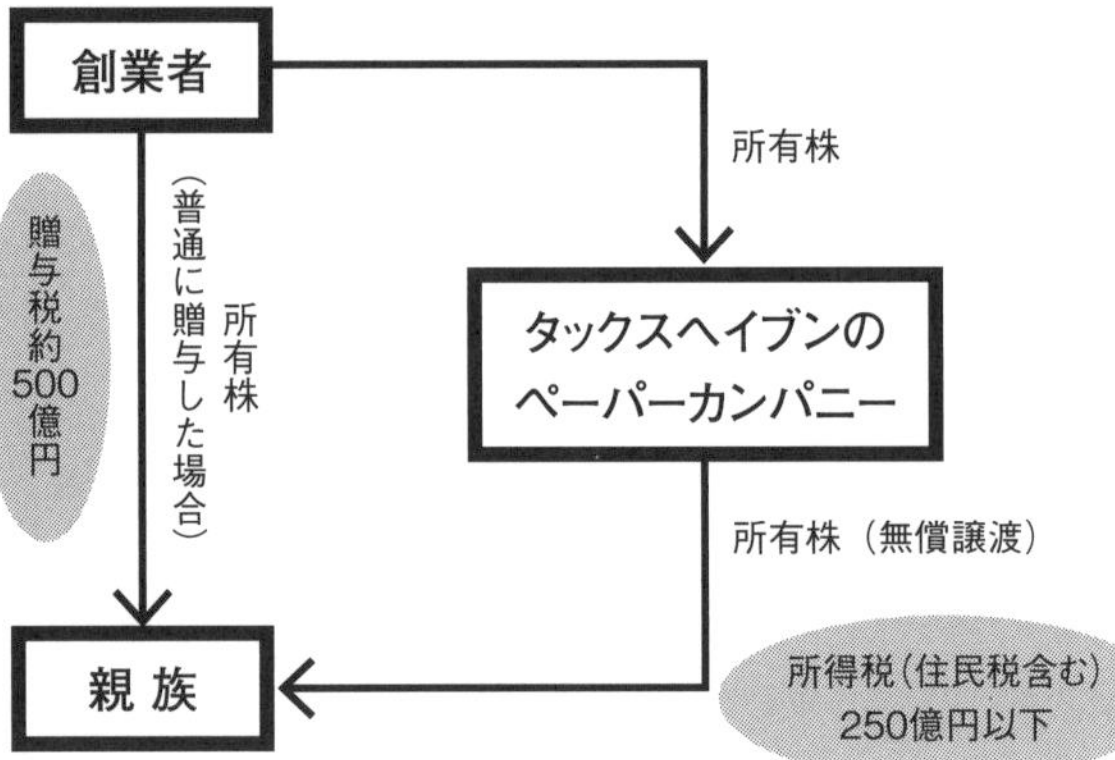

は推定2600億円以上でした。

2600億円を普通に贈与していたならば、贈与税として1300億円以上を払わなければなりません。それを無税で乗り切ったのです。

国税当局も、それでは腹の虫がおさまりません。実質的に日本の企業である武富士の株を自分の息子に譲渡しているのに、贈与税をかけることができないのです。

だから国税当局は、

「長男は香港に住民票を移しているが、実際は日本で生活しており香港に住民票を移したのは課税逃れのために過ぎない。実際は日本に住んでいたのだから日本の贈与税はかかる」

として追徴課税を課しました。

しかし武富士創業者一族は、その処分を不服として裁判を起こしたのです。

この裁判は最高裁まで争われたのに、最終的に国税は敗けてしまいました。最高裁では「当時、長男は香港に居住の実態があった」として、贈与税は課せられないという判断を下したのです。

国税は徴収していた税金を創業者一族に返還しただけではなく、税金を仮徴収していた期間の**利子約400億円までを払う**ことになったのです。

武富士一族が利用した仕組みである、

「海外の資産を海外に居住している者に譲渡すれば贈与税はかからない」

というものは、**法律の欠陥**のようにも思われます。

実はこのとき国税当局は、この抜け穴をふさごうとしていました。平成15年の税制改正で「外国に住んでいる者に外国の資産を贈与しても、日本国籍を有するならば、贈与税がかかる」ようにしたのです。

しかし武富士の創業者一族は、この税制改正の直前に駆け込み的に贈与を行ったのです。

平成15年度の改正により、

「海外に**5年以上居住**し、日本国内に**5年以上住所がない**人が海外の資産を贈与された場合は、贈与税がかからない」

ということになっています。

だから今では、資産を譲渡される人が5年以上海外に住まなくてはなりません。

しかし武富士一族がこの節税スキームを行ったときには、この「5年以上」という縛りがなく、ただ海外在住であればよかったのです。

そのため、このような莫大な贈与税を簡単に逃れることができたのです。

一般庶民としては、

「2600億円の資産をもらえるのだから、その半分が税金に取られたとしてもまだ1300億円残る」

「それだけでも超大金持ちなのだから、税金を普通に払えよ」

と思うところです。

また公共性から見ても、たったひとつの家族で2600億円もの資産を引き継ぐのは、好ましいものではなく、1300億円の税金を払うことが正しいと言えます。だから武富士一族のこの行為は、決して褒められるものではないと筆者は思います。

しかし、この武富士一族への**「税金を払わないための努力」**については、見習うべき点があるかもしれません。

「税金について相当な研究をし、事前に入念な準備をする」

そのことで国税庁をも打ち負かしたわけです。そこについては、一般庶民も学べるところがあるでしょう。

「慈善事業」を使って相続税を逃れる

金持ちの相続税逃れの手段として、**「財団」**をつくったり、財団に寄付をしたりすることがあります。

財団というのは、まとまった財産を元手にして何かを行う法人のことです。つまりは、資産家などが自分のお金を拠出して団体をつくり、何かの事業を行うのです。

なんだか非常に偉いもののように聞こえますが、実態はそうではありません。

というのは資産家が財団をつくったり財団に寄付をすれば、税金がかかりません。財団をつくれば、**資産家は税金を払わずに自分の財産を他の人に移転する**ことができるのです。財産を自分で持っていれば死んだ後、遺族に相続税がかかります。死ぬ前に遺族に引き渡せば贈与税がかかります。

そうです。

資産家は財産を持っていれば、いずれ税金で持っていかれてしまうので、財団をつくって財産を他に移すのです。

「でも財団をつくったら、そのお金は社会のために使われるのだから、資産家は損をするじゃないか」

などと思う人もいるかもしれません。それは早計です。

財団のお金の使い道は、実は闇に包まれています。

財団は構成員の協議で財産の使い道が決められる、という建前があります。でも財団の構成員は、資産家の息がかかった人や関係者だけです。だから財団の財産の使い道は、**財団をつくった人の思いのまま**です。第三者を財団の中に入れなくてはならないという法律もなければ、財産の運用をチェックする外部機関もないのです。

また財団の構成員には、財団から給料が払われます。資産家は合法的に財産を身内に移転することができるのです。

某有名自動車メーカーの創業者、電機メーカーの創業者など、「財団」をつくっている資産家はたくさんいます。彼らは一応**「いいこと」**をしているかもしれませんが、彼らが税法上の大きな特典を得ていることは見逃せない事実です。

単なる節税スキームとしての財団

ところで財団法人には2種類あります。

一つは、公益性のある事業を行う「公益財団法人」。

前項で述べた慈善事業を行う財団というのは、この「公益財団法人」のことです。

もうひとつの「一般財団法人」というのは、剰余金の分配を目的としない財団のことです。その法人が行う事業には、必ずしも公益性は求められていません。

つまりは公益性がなくても、財団法人、社団法人をつくることができるのです。

財団法人というと、公共のためのものというイメージがありますが、それは「公益財団法人」のことであり、「一般財団法人」は公益には関係ないのです。

以前は財団というと、必ず公益性が求められていたのです。ところが平成20年12月1日に「一般社団法人及び一般財団法人に関する法律」という法律が施行され、公益性がなくても「一般財団法人」「一般社団法人」がつくれるようになりました。

「一般財団法人」は普通にアパート経営をしたり、いろんな収益事業を行うなど、企業としての活動をしても構わないのです。ほとんど普通の法人（会社）のようですね。

「一般財団法人」が普通の法人と何が違うのかというと、**「配当の分配をしない」**ということです。

普通の法人（会社）であれば、事業を行って利益が出たら、株主に配当を支払います。

しかし財団法人の場合は配当を出さずに、利益は法人の中に貯め置かれるのです。

一般財団法人と普通の法人の違いは、その点だけといってもいいでしょう。ほかにも若干の違いはありますが、もっとも特徴的な部分はそこだけです。

そしてこの一般財団法人も、相続税対策として使えます。

以前は、財団というのは、官庁の許可がないとつくれませんでした。

しかし現在は、一定の要件さえ満たせば、だれでもつくれるようになったのです。

一定の要件とは、だいたい次のようなものです。

- **３００万円以上の財産を拠出すること**
- **７名以上の設立メンバー**

この二つの要件を満たしていれば、だいたい後は手続きさえクリアすればいいのです。そして7名以上の設立メンバーというのは、全員が親族でも構いません。つまりは300万円以上のお金を拠出できれば、事実上、財団はだれでもつくれるのです。そして、どんな事業を行ってもいいのです。

この財団をつくるとなぜ税金が安くなるのかというと、財団に自分の資産をぶち込んで自分の親族を財団のメンバーにするのです。

財団の資産は、だれが出したものであっても財団のメンバーの共有という建前がありまず。だから自分が死ねば財団の資産は、自動的に親族のものとなります。つまり相続税や贈与税を払わずに、自分の資産を親族に移転することができるのです。

孫を養子にして相続税を安くする

金持ちの相続税対策として孫を養子にするという方法もあります。これは比較的簡単にできるものなので、超大金持ちだけではなく、ちょっとした不動産資産を持っているような**中くらいの金持ちもよくやっている方法**です。

なぜ孫を養子にすれば、相続税の節税になるのかをご説明しましょう。

相続税には、「法定相続人」の数が大きな役割を果たします。

相続税の基礎控除は**（法定相続人×600万円＋3000万円）**という算式で求められます。基礎控除というのは、この遺産が金額以内であれば相続税は課されないという額のことです。

もし法定相続人が二人だった場合は、（二人×600万円＋3000万円）となり、基礎控除は4200万円となります。つまり、4200万円までの相続財産に相続税はかからないということです。

この算式を見ればわかるように法定相続人が多いほど、相続税の基礎控除額は多くなります。つまり法定相続人が多ければ多いほど、相続税がかからないで済む額が増えるということです。

しかし法定相続人というのは、基本的に「配偶者」と「子供」となっています。

たとえば妻と子供を残して死んだ場合は、妻と子供が法定相続人となります。子供がいない場合は、両親も法定相続人になります。子供も両親もいない場合は、兄弟姉妹も法定相続人になります。

なので、基本的には、孫は法定相続人にはなれません。

が、**「養子」にすれば法定相続人になれる**のです。孫を養子にすれば、法定相続人が一人増えることになるのです。

ただし、養子はすべて無条件で法定相続人になれるわけではありません。子供のいない夫婦で二人まで、子供のいる夫婦は一人までという制限が定められています。

また相続税は、遺産の額が多ければ多いほど税率が上がる「累進課税」になっています。

そして相続税は遺族が相続した遺産全体にかかってくるものではなく、遺産をもらった遺族一人一人に対して、そのもらった遺産の額に応じてかかってくるものです。

だから、なるべく多くの法定相続人に遺産を分散して、一人一人もらう額を減らしておけば、相続税を低く抑えることができるのです。


そして金持ちが孫を養子にするのは、もうひとつ大きな理由があります。

祖父母が孫に直接遺産相続させれば、**相続税を一回飛ばすことができる**のです。

普通、相続というのは、親子の間で行われます。親が死ねば子供に、その子供が死ねば、その子供の子供に、という流れです。だから通常であれば、孫に相続されるときというのは、一度孫にとって親にあたる子供が相続し、その子供が死んだときに相続されることになります。

つまり、孫は二回目に相続を受けることになるのです。

そして二回目の相続ということは、「相続税」が二度発生することになります。子供が親から相続するときに、一回相続税を払い、次に孫が相続するときにも相続税が発生するからです。

が、孫を養子にしておけば、相続税一回分を払わなくていいわけです。

相続税というのは最高税率55％なので二回払えば、単純計算では100の資産が25以下になってしまうのです。それを避けるために孫を養子にして、相続税を払う回数を一回減らそうというわけなのです。

金持ちというのは、自分の将来のことだけではなく、**子供や孫の将来のことまで考えて税金戦略を練っている**のです。

一般人も相続税に気を付けるべし

このように金持ちには相続税逃れのスキームがいろいろあるわけです。これらの話を聞いて、

「金持ちはいいなあ」

「自分はそんな大きな資産を持っていないから関係ない」

と思ってしまう人も多いはずです。

しかし、そういうふうに思っていると、とんでもない失敗をしてしまいかねません。

なぜなら近年、日本の相続税は課税対象者が広くなり、**ちょっとした資産を持っているだけで相続税がかかってくる**こともあるのです。

平成27（2015）年に、相続税法が大幅に改正されました。

これにより3600万円以上の遺産があれば、相続税がかかってくる可能性が出てきたのです。

税務当局は金持ちから相続税をなかなか取れないので、相続税の課税範囲を広げたので

す。つまり大金持ちからたくさん税金を取るのではなく、ちょっとお金を持っている人から広く税金を取るようにしたわけです。

それまで死亡者の4％程度しか相続税の対象とはなっていませんでしたが、平成27年からは8％が相続税の対象となったのです。

3600万円というと、庶民でも決して持っていない額ではありません。

相続税の対象は金融資産だけじゃなく、**不動産など金目のものはすべて**です。3600万円以上の不動産価値を持つ物件など、世の中にはいくらでもあります。そんなに豪邸じゃなくても、普通のマンションでもちょっと駅に近かったり広かったりすれば、3600万円を超えてしまいます。

というより都心部の家族用マンションの多くは一部屋3600万円程度はするはずです。

そういう普通のマンションに住んでいる普通の人にも、相続税は課せられることになったのです。

相続税対策は早めが肝心

相続税を逃れるために、まず肝に銘じておくべきなのは、**「節税対策は早く始めるに越したことはない」**ということです。

これまでご紹介してきた金持ちの相続税対策は、壮大で念入りな事前準備が施されています。相続税対策は、早めに行うことが**生命線**なのです。

相続税にはさまざまな控除や非課税枠があり、これらをうまく使えば、**かなり税金を安くする**ことができます。

相続資産を相続税の基礎控除以下に抑え込めば、相続税はゼロになるのです。そして普通の人の場合、基礎控除のラインを下回るようにするのは決して難しいものではありません。

たとえば、夫婦と子供二人の家族があったとします。この家族には夫名義で6000万円の資産があります。この夫が死亡した場合、この家族には相続税がかかることになります。法定相続人は妻と子供二人の合計三人なので基礎控除のラインは、4800万円となります（3人×600万円＋3000万円）。

しかし、この家族は夫名義の資産6000万円のうち、生前に1200万円を家族に移せば、相続税は課せられないのです。

1200万円分の資産を家族に移すことは、非常に簡単です。

資産1億円くらいまでは4～5年の準備期間があれば、基礎控除額以下に持っていくことができます。これから挙げる節税方法を使って4～5年準備すれば、普通の人（資産1億円以下）であれば、まず相続税がかかってくることはないでしょう。

でも何もしなければ、相続税がかかってきます。節税対策を施すのと施さないのとでは、まったく違ってくるわけです。

年間110万円の贈与で大半の相続税問題は解決する

庶民の相続税対策の場合、最初に覚えていただきたいのが、「贈与税の控除額」です。

これはざっくり言えば、贈与税がかからない範囲で毎年、現金などを親族に分配しておくという方法です。

日本には、贈与税という税金があります。年間110万円を超える贈与があれば、贈与税が課せられるのです。親子や親族といえども、年間110万円を超えて金銭や経済価値のあるものを贈与されれば、贈与税がかかってきます。

この贈与税は、**相続税のとりっぱぐれを防ぐためにつくられた税金**です。

資産家は相続税を減らすために、あらかじめ自分の資産を親族に移しておこうとします。生前に自分の資産をだれかに贈与しておくのです。しかし、それを無条件で許してしまうと、相続税は取れなくなってしまいます。

そのために贈与税があるのです。

しかも贈与税の税率は、けっこう高いのです。相続税のとりっぱぐれを防ぐためにつくられたものなので、税率は相続税と連動しているのです。

次ページの表のように贈与税の最高税率は55％なのです。これは相続税の最高税率に合わせてあるのです。だから、**うかつに親族に金品を贈与することはできない**のです。

ところが、「1円の贈与でも課税する」となると、現実的ではありません。そもそも親族の間では、経済的な助け合いをするのはごく当たり前のことです。一緒に住んで扶養している家族ではなくても、親子や兄弟ならば何らかの経済的な支援をしたりすることは多々あります。

だから贈与税では、**年間110万円までの贈与ならば税金は課さない**ということになっているのです。

この年間110万円までの控除額を、相続税対策に最大限利用するのです。

資産が何十億、何百億もある資産家にとっては、年間110万円の控除などはあまり意味がありません。

それでも数千万円から1億円程度の資産であれば、年間110万円の控除枠というのは、けっこう大きな意味を持ちます。親族一人に対して、110

贈与税の税率

基礎控除後の課税価格	税率	控除額
200万円以下	10%	－
300万円以下	15%	10万円
400万円以下	20%	25万円
600万円以下	30%	65万円
1,000万円以下	40%	125万円
1,500万円以下	45%	175万円
3,000万円以下	50%	250万円
3,000万円超	55%	400万円

国税庁サイトより

万円の贈与を10年間続ければ、１１００万円もの資産を無税で贈与することができます。

またこの贈与税の基礎控除は「あげる側」ではなく「もらう側」に適用されるものです。

だから、あげる側は何人にあげても、控除額以内であれば贈与税はかからないのです。

親族がたくさんいる場合は、毎年、たくさんの親族に１１０万円ずつ贈与すれば、10年もあれば数千万円の資産を移すことができるのです。

１億円程度の資産ならば、数年で相続税の免税基準まで引き下げることができるはずです。


この年間１１０万円の贈与税の控除を使う方法は簡単です。

親族に対してきちんと贈与するだけでいいのです。申告等の必要はありません。ただし、必ず**「贈与している事実」**は必要となります。

だからお金を口座に振り込んだり現金で渡してもいいので、必ず実際の「贈与」を実行してください。「贈与をしたつもり」で実際のお金はまだ親が持っていたり、親が勝手に子供名義の通帳をつくって入金しているだけで、贈与したとは認められません。

あげる側ももらう側も、しっかり贈与が行われた事実を確認できる状態になっていなければならないのです。

「おしどり贈与」を活用しよう

また庶民の相続税対策として「おしどり贈与」と呼ばれているものがあります。

「おしどり贈与」というのは、20年以上、連れ添った夫婦が自分の名義の家を相手に贈与すれば、2000万円以内であれば、贈与税は課せられないというものです。そして、家だけじゃなく、**家の購入費としても2000万円ならば無税で分与**できます。

つまり家もしくは現金、預金を2000万円分、配偶者に無税で譲渡することができるわけです。

これは、庶民の相続税対策としては非常に大きなものがあります。

資産を5000万円～1億円程度持っている人というのは、相続税の免税基準を少しオーバーしていることが多いものです。そういう人たちが自分の資産のうち2000万円を配偶者に移譲することができれば、相続税の対象資産が一気に2000万円も減るのです。

普通の人の場合、資産が2000万円減れば、相続税の基礎控除額以下になるという方が非常に多いはずです。

またこのおしどり贈与は、前項でご紹介した110万円の贈与税非課税枠と違って、一度に2000万円もの資産を減らすことができる即効性があります。

まだおしどり贈与をしていない人は、ぜひ考えてみてください。

遺産分配の基本は「配偶者優先」

「年間110万円の贈与」の次に、相続税の節税策として覚えておいていただきたいのは、**「遺産分配を配偶者優先にすること」**です。

配偶者というのは、夫婦の相手方のことです。

「夫が亡くなった場合は、妻に最優先に分配する」「妻が亡くなった場合は夫に最優先に分配する」ということです。子供への遺産分配などは、まず配偶者の生活資産を確保してからの話なのです。

親のどちらかが亡くなった場合は、残された親の生活をまず第一に考えるということは、社会常識にも合致していることですし、相続税の節税にもなるのです。相続税法では**配偶者には手厚い免除制度**があります。どんなに遺産が多くても原則として半額までは配偶者は無税で遺産を受け取れるのです。

また令和元年の民法改正においても、相続においては配偶者の権利が非常に強化されています。

だから、相続対策のまず第一は「配偶者優先」ということを覚えておいてください。

配偶者には1億6000万円の特別控除がある

前項で少し触れましたように相続税法では、配偶者を優遇する制度がつくられています。

まず配偶者には、**基礎控除のほかに1億6000万円の特別控除**が設定されています。

だから配偶者がもらった遺産に関しては、1億6000万円までは相続税は課せられないのです。

これは基礎控除とは別です。基礎控除が最低でも3600万円ありますので、もし配偶者だけが法定相続人だった場合は、**1億9600万円までの遺産には相続税がかからない**ということなのです。

これは妻だけでなく、夫の場合も同様です。もし妻が先に亡くなって、夫が残された場合も同様に特別控除が受けられるのです。

ただし、この特別控除を使えるのは、配偶者（妻もしくは夫）が相続した分についてだけです。遺族全体がこの1億6000万円の控除を持っているわけではないのです。子供などが遺産を受け取る場合は、この1億6000万円の控除は使えません。

たとえば1億5000万円の財産を残して夫が死亡し妻と子供二人が残された場合です。これを全部、妻が相続した場合は相続税はゼロになります。しかし、妻と二人の子供で均等に5000万円ずつ相続した場合、妻には相続税はかかりませんが、子供二人には相続税がかかる可能性があります。

どんなに遺産が多くても配偶者は半分までは無税

さらに配偶者には、遺産の半分までの相続に相続税がかからないという規定もあります。どんなに遺産があったとしても、配偶者はその半分までは、相続税無しで相続できるのです。何十億、何百億あっても、です。

たとえば、10億円の遺産があった場合、この人の配偶者（妻もしくは夫）は、5億円までは無税で受け取れるのです。

相続税法では、資産というのは「夫婦で築いたもの」という考え方になっているので、遺産の半分は配偶者のものであり、遺産の半分までは相続税はかからないのです。

しかし、この減免制度も「1億6000万円の特別控除」と同じで、遺産全体に対しての基礎控除ではなく、あくまで**配偶者だけが持っている控除制度**です。配偶者以外の相続人たち（子供など）の相続分については、まともに相続税がかかってきます。

このように相続税対策においては、**なるべく遺産は配偶者に多くの配分をする**というのが、もっとも節税になるといえます。

故人が特に遺産のプランを考えていなかったり、遺言書がなかったりする場合は、とりあえず配偶者

遺産の分配の基本（法定相続人に配偶者がいる場合）

遺産の大きさ	おおむね2億円以内	おおむね2億円以上
分配方法	配偶者に全部相続させる	1億6000万円までは配偶者に相続させ、それ以上遺産がある場合は半分までを配偶者に相続させる

（妻もしくは夫）にたくさんの遺産を相続させることがもっとも妥当な分配方法だといえます。

具体的な配分方法は、遺産が２億円以内であれば全部を配偶者に相続させ、２億円を超えている場合は、１億６０００万円以上で遺産の半分までを配偶者に相続させるのです。

そうすれば、遺族全体としてもっとも相続税を少なくすることができます。

また父親（もしくは母親）が急死して急に相続が発生したような場合にも、基本は配偶者優先が有利だと言えます。「急死」の場合は、相続対策をほとんどしていないケースが多いので、まずは遺族全体で相続税がもっとも安くなる分配方法を選択し、その後に次の相続のための相続税対策を施せばいいのです。

庶民は「二次相続のリスク」を心配しなくていい

週刊誌の相続対策特集などでは、「配偶者に多くを相続させる」という節税スキームに、批判的なことが書かれているケースもあります。

相続税のマニュアル本などでも、「とりあえず配偶者に相続させる」というのは、「後で相続税の支払いが大きくなる場合もある」と書かれているものもあります。

しかし、これらの指摘は**「庶民の相続」においては的がはずれています**。

なぜ彼らが「配偶者を優先すること」に反対するかというと、「いったん配偶者（故人の妻や夫）に相続させても、その配偶者が死亡したときには、また相続税が発生する。この二回目の相続のときに子供には多額の相続税が課せられるので、最初から分割したほうが、相続税の節税になる」というのです。

いわゆる**「二次相続」**の心配をしているわけです。相続というのは、だいたい親から子へとされるわけです。夫から妻へ相続した場合、妻へ相続した分はいずれは子供に相続されます。

だから夫から妻へ相続し、妻から子供へ相続した場合、二回も相続税がかかってしまう。だったら、いったん妻に相続させずに、夫から子供に直接相続させたほうがいいのではないかというのが、週刊誌などで述べられていることです。

しかしこの理論は、**庶民には当てはまりません**。

この理論では、一次相続から二次相続の間で、遺産がまったく同じ額という前提になっています。これは庶民の相続においては非現実的です。

夫の遺産を妻が引き継いだ場合、その遺産のほとんどが妻の老後の生活資金になります。そして老後の妻は収入はそれほど多くないケースがほとんどなので、大半の場合、資産は目減りします。だから妻が死亡して子供が相続をするときには、相続税はかからないか、かかったとしても**大幅に減じている可能性が高い**のです。

またもう一つこの理論の欠陥は、妻が遺産をもらった後、自分が死ぬまでの間に「何も相続税対策を施していない」ことが前提になっていることです。もし、夫からかなりの遺産を受け取っていて、このままでは子供に相続税がかかりそうだということであれば、それなりに相続税対策を施すものです。

相続税は時間をかけて対策をすれば、かなりの節減ができます。前述した贈与税の非課税枠などを使えば、ほんの数年程度の期間で、数千万円程度の資産を減額することができるのです。

ちょっとした小金持ち程度の遺産なら、きちんと相続対策をすれば、**二次相続のときには相続税はほとんどかからない**で済むのです。

つまりは、庶民の相続において、二次相続の心配はほとんど不要なのです。だから庶民の相続は「まず配偶者優先」で大丈夫なのです。

第5章

純金、タワーマンション……さまざまな逃税アイテム

「純金」は金持ちの定番アイテム

金持ちの資産蓄積の定番アイテムとして「純金」があります。

特に最近は、蓄財や資産のリスクヘッジとして「純金」が注目されています。古来から「金を保有する」ということは、**富裕層の蓄財術**として用いられてきました。それが新型コロナでの株価の暴落やウクライナ紛争などで、また脚光を浴びるようになっているのです。

「お金の価値は下がるけれど純金の価値は変わらない」

とよく言われます。

確かに、純金の価格は古来から上がり続けているとされています。

近年でも金の価格は2000年ごろに1グラム900円だったものが、今は8000円前後なのだから、**20年間でなんと9倍に上昇した**のです。

ただし、金の価値は下降するときもあります。

実際、1980年から1985年の間には、金の価値は半分以下になっています。

筆者は、金取引について専門家ではありませんので、このあたりはなんとも言えません。それでも乱高下する商品を買うとは、その損益を自分で責任を取らなくてはならないということです。

ただ金は、短期的に見れば上がり下がりしながらも長い目で見れば、ずっと上がってきています。だから長いスパンでの蓄財、資産管理としては、今のところ有効なスキームであることは間違いないでしょう。

また金は株などと違って、価値がゼロになるようなことはありません。株の場合、その会社が倒産したときなど本当に「紙切れ」になってしまうこともあります。しかし、金の場合は、いくら価値が下落したとしても、物質としての価値は必ずあります。だからゼロになったり、それに匹敵するような大暴落をしたりすることはないのです。

そして純金は**相続税対策のアイテム**としても使えるのです。

たとえば純金を100グラム単位のバーに加工し、それを毎年1本ずつ家族に分け与えます。100グラム単位で小分けすれば、年間の贈与税基礎控除額110万円を下回るので、金の延べ板を毎年一枚ずつ贈与することができる、ということです。1キロ単位だと700万円近くになるので、贈与税の基礎控除額を超えてしまいます。そのため、70万円近い贈与税がかかってしまいます。

それを逃れるために20万円程度の加工賃を払って、100グラム単位に小分けしてもらい、家族に毎年贈与するわけです。

これは表面的に言えば、それほど大きな節税効果はありません。というのも、そんなことをしなくても、毎年現金などで家族に110万円程度を贈与すれば、金の加工賃分は不要になります。

しかし、「金の小分け贈与」には**表面には表れない逃税効果がある**のです。

もともと金が安い時期に購入していて、現時点で相当の金の含み益がある場合は、小分けという方法は節税の効果があります。

たとえば、金1キロを400万円で購入しているような場合は、現時点で500万円くらいの含み益があります。これを1キロ単位でそのまま家族に贈与した場合は、安くて30万円程度、高い場合は200万円くらいの税金がかかってきます。100グラム単位に小分けすれば、この税金はかかりません。

また純金は、こういう合法的な相続税対策のほかに、**「延べ板にして床下に隠す」**などの非合法的な相続税対策に使われることもあります。だからマルサの調査で「金の延べ板が発見された」と時々ニュースで報じられるのです。

一般の人でも純金を保持できる

このように金持ちの定番蓄財アイテムとなっている「純金」ですが、金持ちに限らず普通の人でも純金を買うことはできます。

加工料がかかり、1キロ以内の売買であれば多額の手数料等が必要になります。かといって1キロ以上となると、現在（2022年10月）の金の価格が1グラム8000円前後なので、800万円程度が必要となります。

またオーストラリアなど純金製のコインを発行している国もあるので、そういうコインを購入するという手もあります。ただし、この純金コインの場合は、純金の価格よりもかなり上乗せされた価格となります。

少額で純金を買う方法には、「純金積立」という方法もあります。

純金積立とは、証券会社などが加入者からお金を集めてそれで金を購入するという金融商品です。配当などはありませんが、毎月、自分の金の保有量が増えていき、好きなときに換金することができます。また証券会社によっては金の値上がり分をボーナスや利息として支払う場合もあります。

「純金積立」のメリットは、安く始められるということです。証券会社によって設定は違ってきますが、安いものでは月1000円から購入可能です。

ただし、純金積立にもデメリットがあります。

まず**金を保有するときと同様に元本割れのリスク**があります。そして証券会社にかなりの手数料を取られます。だからちょっと値上がりした程度では、換金するときに元が取れないことも多いのです。

純金保有の裏ワザ

一般の人が純金を保有する方法として、手数料もあまりかからず、少額で買える裏ワザもあります。

その裏ワザとは、簡単に言えば**ETF（投資信託）を使う方法**です。

資産運用の方法として、「投資信託」というものもあります。

投資信託というと、

「証券会社などにお金を預け、証券会社がそのお金を投資して増やしてくれる」

「自分で株を売買するよりも安全で確実」

というイメージがあります。

しかしこれは違います。

投資信託というのは、証券会社などが複数の企業への株式投資を行い、その投資運用を証券化したものです。投資家の代わりに証券会社が投資を行い、その運用益を分配するというものです。

大儲けすることもありますし、損をすることもあります。

投資信託には、商品の種類によっていろんなテーマがあります。

たとえば一部上場企業に満遍なく投資した商品や、新興企業だけに特化した商品、エネルギー企業だけに特化して投資した商品などがあります。

そして、その投資信託の商品の中に、純金への投資商品があるのです。これは、つまり投資家から集めた金で純金を買い、それを証券化したものです。

このＥＴＦは証券市場で売買されているので、だれでも普通に売り買いすることができます。

そして売買価格は、純金の値とほぼ連動します。純金が少しでも上がれば、ＥＴＦの価格も上がりますし、その逆もしかりです。

ＥＴＦを売買するときには手数料がかかります。手数料は証券会社によって違いますが、たかが知れています。純金の現物を売買するときや、純金積み立てを換金するときの手数料よりもはるかに小さいのです。

だから純金の現物を買ったり、純金積み立てをするより、**はるかに気軽に効率よく利益を上げることができる**のです。もちろん金の値が下がれば損をしますが、それは純金の現物購入や純金積み立ても同様です。手数料が安い分だけは、どんな状況であってもメリットになるのです。

タワーマンションで相続税が安くなる仕組み

金持ちの逃税アイテムとして昨今、非常に注目されているのが、タワーマンションです。

新型コロナ禍でも首都圏の新築マンションの多くは、すぐに完売してしまいます。それは、金持ちが節税のために購入しているからなのです。

なぜタワーマンションが資産家の相続税の節税アイテムになるのか、その仕組みを説明しましょう。

相続税には**「小規模宅地等の特例」**と呼ばれる制度があります。これは死亡した人と遺族が同居していた家に遺族がそのまま住み続ける場合、土地の広さが330㎡以下の部分は土地の評価額が80％も減額されるというものです。

たとえばその家の土地代が1億円だった場合、相続資産としてカウントされるのは2000万円でいいとなるのです。

330㎡というと100坪のことです。今時、100坪の土地を持つ家などはなかなかお目にかかれません。特に都心部では相当な地主さんじゃない限り、100坪の住宅地などはありません。

小規模宅地等の特例の要件

適用される宅地		限度面積	相続税評価額減額割合
事業用	①貸付（不動産）事業以外の事業用宅地（例：事務所、店舗、工場、倉庫など）	400㎡まで	80%減
事業用	②貸付（不動産）事業用宅地（例：アパート、マンション、駐車場の経営など）	200㎡まで	50%減
居住用宅地（自宅）		330㎡まで	80%減

そしてマンションなどの場合、敷地全体を戸数で割ったものが、保有している土地の広さとなります。タワーマンションの場合、敷地に比べて戸数が非常に多いので、必然的に保有している土地の広さは小さくなります。ほとんどの場合、３３０㎡以下になります。

つまり、ほとんどのタワーマンションはこの「小規模宅地等の特例」に該当するのです。

この「小規模宅地等の特例」は、**都心部の土地の高いところのほうが有利**となります。「３３０㎡以内」という条件は全国共通だからです。土地の高い場所でも、土地の安い場所でも３３０㎡以内であれば「小規模宅地等の特例」に該当するのです。

この「特例」において、タワーマンションは非常に有利なのです。タワーマンションは、だいたい土地のバカ高いところにあるからです。

だから都心部のタワーマンションに住んでいる人が亡くなった場合、同居していた家族は、非常に安い評価額でこのマンションを引き継ぐことができるのです。

高層階は相続税も固定資産税も格安

タワーマンションの中でも「高層階」は「低層階」よりも税金的に有利になっています。

というのも相続税での土地の評価額は、土地は「路線価」を基準に決められることになっているのです。路線価というのは、その年の不動産取引額などを基準にして、国税庁が算定した土地の評価額のことです。

本来、相続税の財産の評価額は時価が基本ですが、不動産の時価などというものは、実際に取引をしてみないとわかりません。いちいち取引することはできないので、国税庁が算定した「路線価」を基準にすればＯＫという通達が出ているのです。

が、この**「路線価」には実は大きな欠陥**があります。

マンションの場合、路線価というのは建物全体で算定されるのです。つまり同じマンションであれば、どこの部屋であっても、路線価（土地代）は同じなのです。同じマンションであれば、どこの階層の部屋であっても、相続税の基準価格は同じであり、広さのみが価格を増減させるのです。

しかし、ご存知のようにマンションの高層階と低層階では、不動産価格は全然違います。30階建てなどの高層マンションでは、30階付近と1階付近では価格が倍くらい違うこともあります。

しかし同じマンションであれば、路線価はすべて同じになるのです。だから高層階の高額マンションを買えば、低層階と同じ路線価で済むのです。

つまり高層階マンションを買えば、**相続税の土地評価額が低層階の半分で済む**こともありえるのです。

実際にタワーマンションの高層階の売買価格と、路線価の評価額ではかなり大きな開きがあったりします。その開きの分だけ相続税が安くなるというわけです。

またタワーマンションの高層階は、固定資産税でも有利でした。固定資産税の評価額も同じマンションであればどの階であっても同じだったからです。

「タワーマンションは高層階から売れている」

という現象がありますが、このことも大きな要因なのです。

一般の人もタワマン節税は使えるが……

このタワーマンション節税は、もちろん金持ちに限らず普通の人でも使うことができます。

タワーマンションじゃなくても、家を買うときはなるべく都心のマンションの高層階を買えば、**固定資産税や相続税が割安になる**わけです。同じ金額であっても、地方で広い土地の家を買えば、固定資産税や相続税がバカ高くなったりすることもあるのです。

ただし、このタワーマンション節税は、実は大きな問題もあります。

というのも税務当局も、この「法の抜け穴」に気づき、是正に乗り出しているからです。少し前には、タワーマンション節税を裁判で否定されたこともありました。その判決の概略は以下の通りです。

Aさんという高齢の資産家が、病気で入院した直後にタワーマンションの高層階(30階部分)を2億9300万円で購入しました。そして、その翌月にAさんは死亡したのです。

Aさんの遺族は、このタワーマンションを相続し、路線価を基準として評価額を5800万円で相続税の申告をしました。

つまりは、実際には2億8500万円の価値があるマンションを、相続資産としては5800万円しか申告していないのです。実に時価の5分の1しか申告していなかったわけです。Aさんの遺族は、別に脱税をしていたわけではありません。国税の通達通りに、「路線価」と「固定資産税評価額」を基準にして、タワーマンションの評価額を申告していたのです。

ところが、この遺族の相続税申告に国税が更正処分を行いました。

財産評価基本通達で評価した5800万円ではなく、タワーマンションの購入価格である2億9300万円で申告するべきであるとしたのです。

それに対してAさんの遺族は、「財産評価基本通達」に定められた通りに申告を行っているとして、「国税不服審判所」に不服申し立てを行いました。

税務に関する訴訟をする場合、裁判を起こす前に、まず国税不服審判所というところで、不服申し立てをすることが一般的です。国税不服審判所では、国税の職員や第三者による審査が行われ、裁判を起こす前に法の是非を

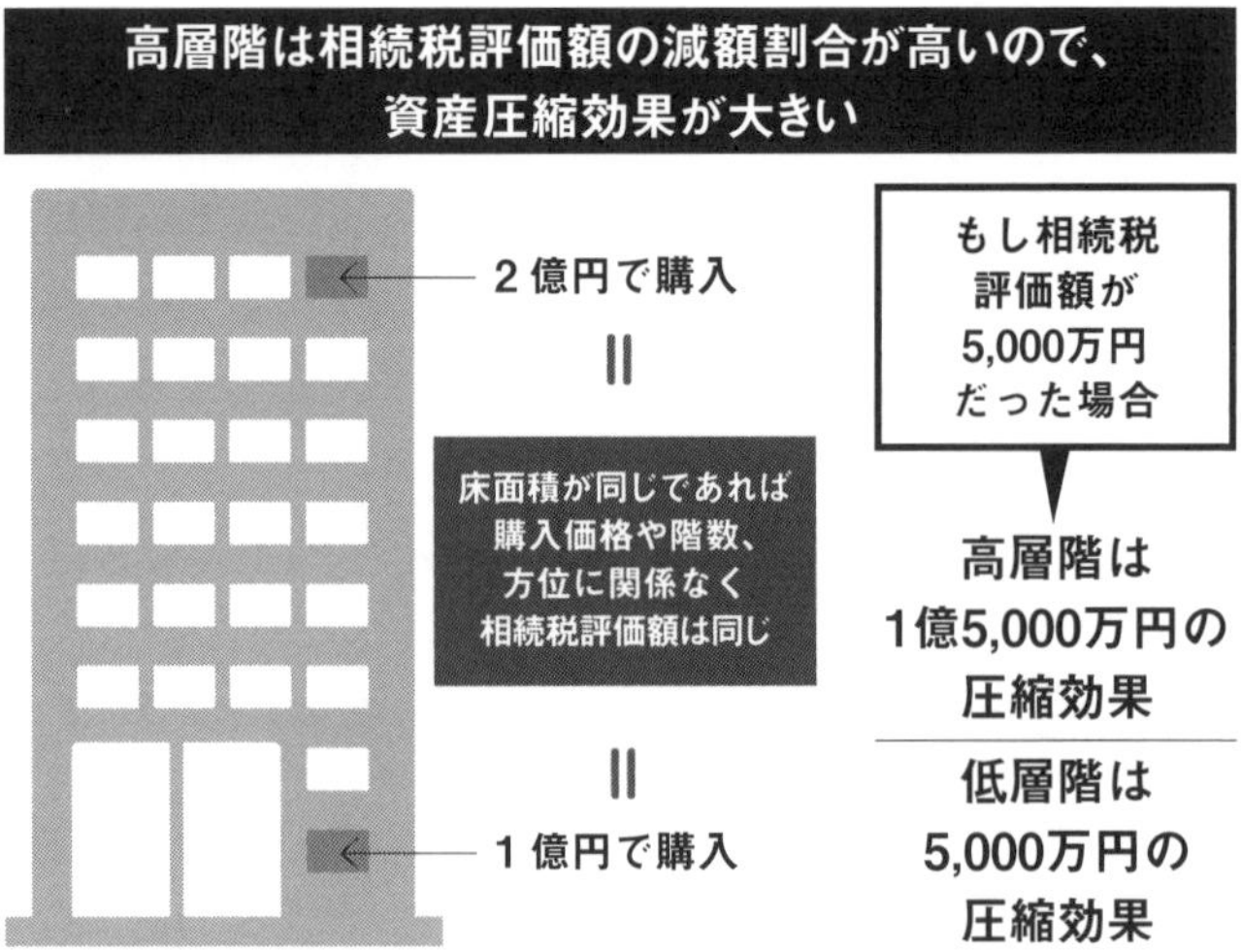

高層階は相続税評価額の減額割合が高いので、資産圧縮効果が大きい
2億円で購入
1億円で購入
床面積が同じであれば購入価格や階数、方位に関係なく相続税評価額は同じ
もし相続税評価額が5,000万円だった場合
高層階は1億5,000万円の圧縮効果
低層階は5,000万円の圧縮効果

ある程度占うことができるのです。

しかしこの国税不服審判所は、Aさんの遺族に不利な審判を下しました。

国税不服審判所の判断の要旨は次のようなものでした。

「このタワーマンションは、被相続人が死亡する前後の短期間に一時的に所有したに過ぎず、通常の財産とは違う。つまり節税目的で一時的にタワーマンションを購入しただけである。そういう財産について実際の価値とは大きくかけ離れた資産評価をすることは、納税者間の公平を害するので、時価で申告するべきである」

つまりはAさんの主張を退け、国税の処分を是としたのです。

実は「財産評価基本通達」の第6項には、次のような定めがあります。

「この通達の定めによって評価することが著しく不適当と認められる財産の価額は、国税庁長官の指示を受けて評価する」

つまりは、通達の手順通りに申告をしていたとしても、それが著しく不公正になるような場合は、国税庁長官の指示により変更できるということなのです。

Aさんの遺族の場合は、この規定が適用されたのです。

Aさんの遺族は、国税不服審判所の審判を不服として、裁判を起こしましたが、最終的に最高裁でも同様の判決が出ました。

タワーマンション節税はまだ使える

だからといってタワーマンション節税が無効ということではありません。

「明らかに節税の意図がある場合」には、タワーマンション節税は否認されるけれど、そうではなく普通の居住を意図していた場合は、否認されないことも考えられるからです。

Aさんの遺族はAさんが購入してから、わずか1年後には売却しています。この所有期間の短さが、判決に大きな影響を与えているのです。

「居住のためのものではなく明らかに節税目的の意図がある」と国税当局や裁判所から見られたのです。

逆に言えば所有期間が長く、実際に居住している場合は、否認されなかったかもしれないということです。実際、タワーマンション節税をしているケースは多々あるはずですが、否認されたケースはあまり多くないのです。

ということは、「自分が居住する目的で購入し、実際に、ある程度、居住した上で死亡した」というケースでは認められる可能性が高いのです。

しかし、「絶対に否認されない」わけでもありません。

国税庁は「相続税の土地の評価額は、原則として路線価を基準に決めていいけれど、実態とあまりにかけ

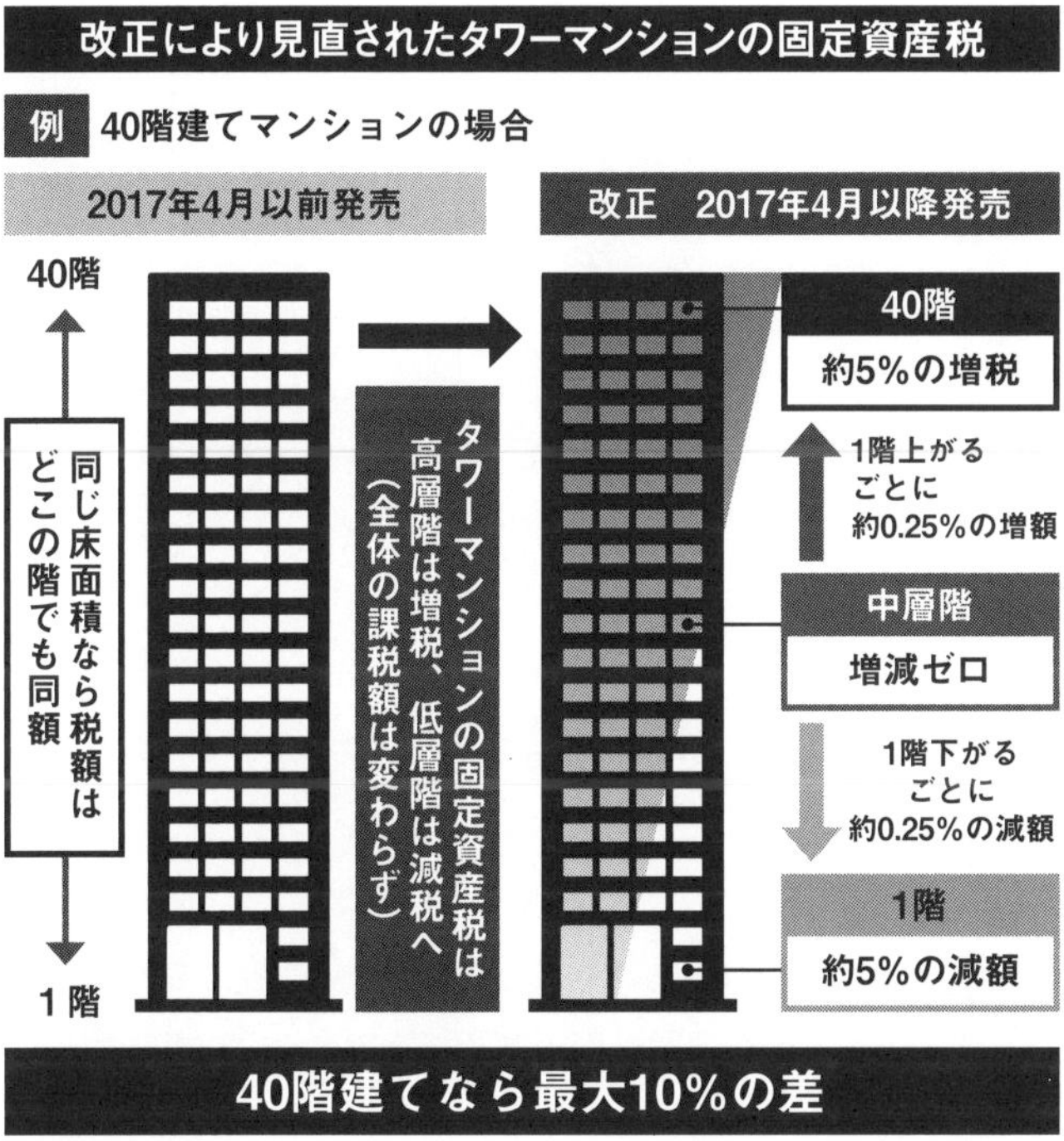

離れているような場合は、「国税側が評価し直すかも」という内容を通達で出しています。

ざっくり言えば、タワーマンションの高層階を購入することによって、**あまりに節税額が大きければ追加課税される可能性もある**、ということです。また今後、この節税策を使う人が増えて世間から批判を浴びたりすれば、国税の対応も厳しくなるかもしれません。

またタワーマンションの高層階は、2018年度から固定資産税の評価額も改正されました。20階以上のマンションの高層階に対しては、階を上がるごとに高くなるように設定されたのです。この改正により、最大で1階と最上階の差は10数%程度になりました。

ただ、この程度の改正では、まだ実態からかけ離れているといえます。

ほとんどのタワーマンションで高層階と低層階の価格の違いは、わずか10数%では済みません。マンションによっては、2倍以上の価格差が生じる場合もあります。50階建てマンションの50階と1階を比較して、価格差が10%などということはあり得ないといえます。

またこの新しい課税方法が適用されるのは、2017年4月以降に販売されたマンションです。それ以前に販売されたものは、以前のままの固定資産税が適用されるのです。これを見ても、タワーマンションの高層階は、**節税アイテムとしてはまだまだ使えそう**です。

タックスヘイブンを使った逃税

昨今、世界中の富裕層が使っている逃税アイテムとして、「タックスヘイブン」というものがあります。時々、ニュースなどで取り上げられることもあるので、ご存じの方も多いでしょう。タックスヘイブンとは、「租税回避地」のことであり、税金のかからない地域のことです。主なところにケイマン諸島、ヴァージン諸島、香港、シンガポール、ルクセンブルク、パナマなどがあります。

タックスヘイブンに住居地を置けば、個人の税金はほとんどかかりません。

日本人が日本に住んでいる場合、嫌でも住民税がかかります。外国人も一定期間、日本に住んでいれば、住民税を払わなければなりません。また日本人も外国人も日本で収入を得ていれば、原則として所得税を払わなくてはなりません。

そういう税金を、タックスヘイブンに住んでいれば払わなくて済むのです。

また各国を股にかけている多国籍企業が本拠地をここに置いておけば、法人税の節税もできます。タックスヘイブンに本社を置いて、各国には子会社を置きます。そして各国の利益は、タックスヘイブンの本社に集中するようにしておくのです。

そうすればその企業グループ全体では、税金を非常に安くすることができます。だから本社をタックスヘイブンに置いている多国籍企業も多いのです。特にヘッジファンドと呼ばれる投資企業の多くはタックスヘイブンに本籍を置いています。

かの村上ファンドが香港に本拠地を移したのも、香港がタックスヘイブンだったことも要因ではないかと思われます。

そして、タックスヘイブンには、もう一つの性質があります。

それは**「守秘性」**です。

タックスヘイブンは、自国内に開設された

タックスヘイブンを使った課税逃れのイメージ

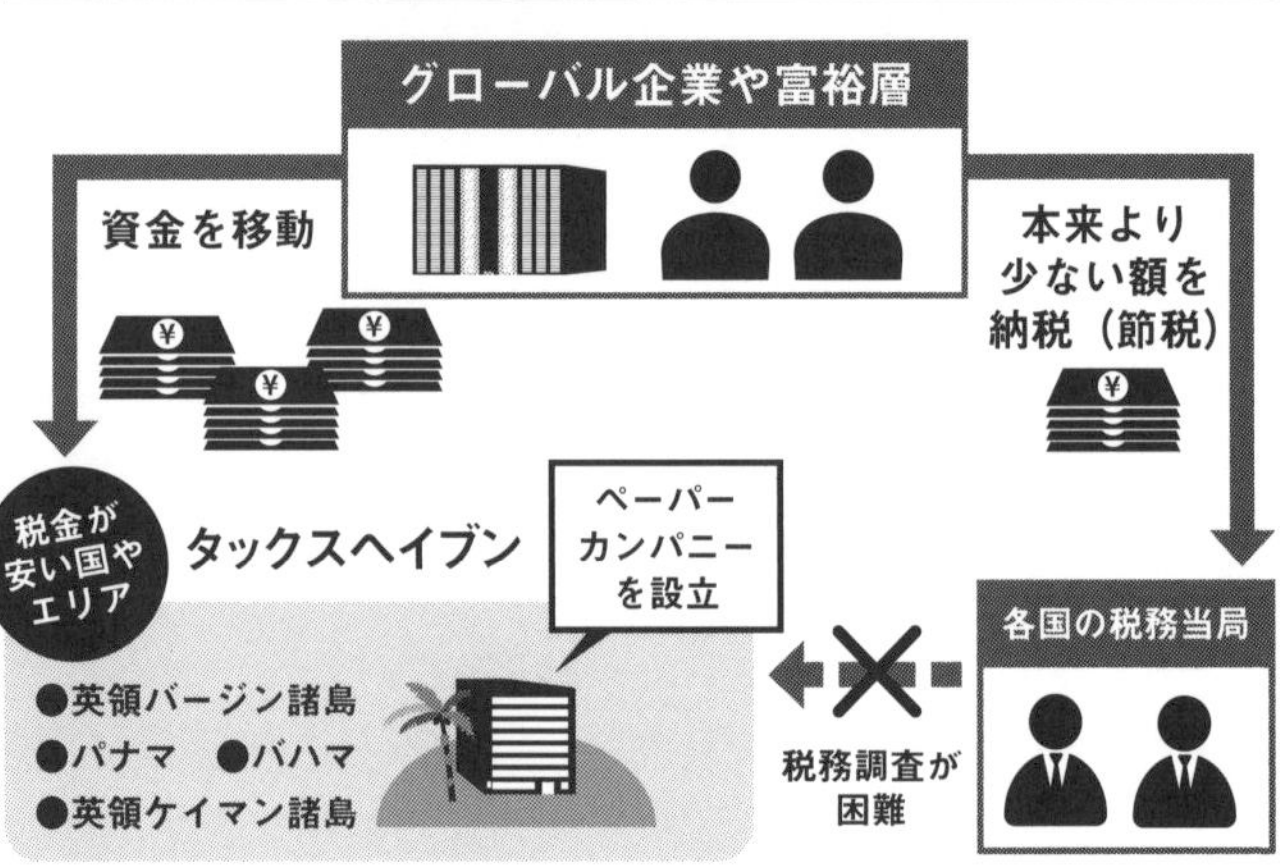

預金口座、法人などの情報を、なかなか他国に開示しないのです。たとえ犯罪に関係する預金口座、企業などであっても、よほどのことがない限り、部外者には漏らさないのです。

そのため世界中から、脱税のための資産隠しを始め、麻薬などの犯罪に関係する金、汚職など不正な方法で蓄えた資産が集まってくるのです。

つまりタックスヘイブンは、脱税をほう助するとともに犯罪マネーの隠し場所にもなっているのです。

タックスヘイブンに移住するとどうなる？

普通の人や、普通の企業の場合、いくら税金が安いと言っても、南太平洋などに移転するわけにはいきません。でも一部の企業や富裕層にとっては、それは可能なのです。お金に余裕があり、日本で生活する必要のない人は、タックスヘイブンに移転するのです。そうすれば**日本の所得税や住民税を払う必要はなくなる**のです。

海外に居住している人の日本の所得税は次のようになっています。

日本から収入がある人→日本からの収入にのみ所得税がかかる
日本からの収入がない人→日本の所得税はかからない

もちろん、海外の居住先の税法に従わなければならないので所得税を払うケースもあります。

でも海外の所得税のほうが安ければ、その差額分だけ税金が安くなるのです。タックスヘイブンとされる地域では、所得税などは非常に低くなっていますので、タダみたいに税金が安くなるのです。たとえばシンガポールと香港を例にとってみましょう。

シンガポールでは、キャピタルゲインには課税されていません。キャピタルゲインというのは、投資による収入のことです。

つまり**株式や不動産投資でいくら儲けても、税金は一切かからない**のです。そのうえ、所得税は最高でも20％、法人税は18％と、日本に比べれば非常に低いのです。

だからヘッジファンドのマネージャーなどがシンガポールに住んでいるケースも非常に多いのです。

シンガポールは国策として、海外の富豪や投資家などを誘致しようとしています。彼らがたくさん稼いで多額の金を落としてくれれば、シンガポールとしては潤うからです。

そのためさまざまな便宜を図っています。

ちなみにシンガポールでは、贈与税や相続税もありません。だからシンガポールでお金を稼いで、その金をシンガポール在住の子供に贈与すれば、税金はまったくかからないということになります。

そのためシンガポールには世界中から富豪が集まってきているのです。

またシンガポールに対抗して、香港でもほぼ同様の制度を敷いています。香港にも同じように移り住む金持ちが増えています。このように外国企業からの配当などで大きな利益を得ている人は、タックスヘイブンと呼ばれる地域に住んでいたりするケースが増えているのです。

タックスヘイブンのメリット

- 所得税・法人税が非常に安い
- 相続税・贈与税がかからない
- 秘匿性が高い
- 行政機関等の透明性が欠けている

➡ **税制面の優遇措置が大きい**

「海外在住」か「日本在住」か明確な区別はない

タックスヘイブンに「移住」する人の中には、「移住」かどうか微妙な人もいます。

タックスヘイブンに移住まではなかなかできず、形だけ移住したことにする金持ちも多いのです。

だから日本で仕事をしたり、実質的には日本に住んでいたりするのだけれど、一定期間だけ海外に居住して節税することもあります。

日本の国内に住所地がない「非居住者」になるには、**1年間のうちだいたい半分以上、海外で生活しておかなければならない**、ということになっていますが、実は厳密な区分はないのです。半年以上生活していても、実質的な住所が日本にあるような場合は、「海外移住」とは認められないこともあります。

そこには明確な線引きがないので、日本の税務当局ともめるケースも多々あります。

たとえば2007年、ハリーポッターシリーズの翻訳者が居住地をスイスにし、日本では確定申告をしていなかったのですが、実際は日本に住んでいたとして、国税当局から約

7億円の追徴課税をされていたことがニュースになりました。

日本で本を出している翻訳者や作家などが海外に居住している場合、印税は源泉徴収されます。でも税金はその源泉徴収分だけでよく、日本で確定申告する必要はありません。だから海外の税金の安い地域に住んだほうが、節税になるのです。

この場合、翻訳者はスイスに時々住んでおり、またそこの所得税のほうが安いので、住所地をスイスにしておいたわけです。でも日本の税務当局は、「生活の実態は日本にある」として日本での税務申告を求めたのです。

竹中平蔵氏がやっていた海外に住民票を移す逃税術

前に少し触れましたように海外移住すれば、日本で所得税を払わなくていいだけではなく、住民税も払わないでいいのです。

住民税とは、住んでいる市町村、都道府県からかけられている税金です。住んでいないのだから住民税を払わないでいいというのは、当たり前といえば当たり前ですが。

もちろん、海外での居住先で住民税を払わなければならないケースもあります。でも、日本ほど厳密ではないので払わないで済むケースや、日本よりもはるかに低い額で済むケースがほとんどのようです。

だから本当は日本で生活しているのに、**外国に住居を移して住民税を払わないケース**もけっこうあります。もちろん、これは「脱税」になり、発覚すれば追徴税を払わされ、下手をすれば刑事罰に処されることもあります。

しかし実は「住民税」を徴収する自治体は、以前からこの手の脱税には弱いのです。住民税は居住している自治体にかかってくる税金ですから、徴収を担当するのは市区町村の役所です。住民税というのは、**市町村がその年の1月1日に住民票がある住民に対して徴税するシステム**になっています。

でも、もし海外に住民票を移していた場合、1月1日にはどこの市町村にも住民票がありません。ということは、どこの市町村も徴税しようとはしないのです。だから、それがもしウソだったとしても、どこの市町村も調査をしたりはしない、ということなのです。

そのため、いったん住民票を移してしまうと、それ以上、その人を追跡するようなことはないのです。

つまり海外に住民票を移した場合、「管轄する市区町村がない」ことになり、脱税していたとしても、どこの市区町村も「管轄外」で追いかけないことになってしまうのです。

小泉内閣時代の総務大臣だったかの竹中平蔵氏も、そういう〝節税〟をしていたのではないかという疑いをもたれています。

彼はアメリカで研究をしていた時期があり、そのときにアメリカに住所地を移していたのです。しかし当時彼は日本の大学で教鞭をとっており、「アメリカには時々滞在していただけではないか」「実質的に日本に住んでいたのではないか」という疑いを向けられていたのです。

住民票をアメリカに移しているので当然、日本での住民税は払っていません。しかもアメリカでも申告していないのではないかと問題になり、国会でも追及されたのです。

竹中平蔵氏は国会で、「住民税は日本では払っていないがアメリカで払った」と主張しました。日本で払っていなくてもアメリカで払っていたのなら、ともかく筋は通ります。

それを聞いた野党は、「ならばアメリカでの納税証明書を出せ」と言いました。でも竹中氏は、最後まで納税証明書を国会に提出しませんでした。

そもそも住民税というのは所得税と連動しています。所得税の申告書を元にして、住民税の申告書が作成されます。

これはアメリカでも同じです。国内で所得が発生している人にだけ住民税がかかるようになっているので、アメリカで所得が発生していない竹中氏が住民税だけを払ったとは考えにくいのです。

税制の専門家たちの中にも、竹中氏は違法に近いと主張している人もいます。日本大学の名誉教授の北野弘久氏もその一人です。北野教授は国税庁出身であり、彼の著作は、国税の現場の職員も教科書代わりに使っている税法の権威者です。左翼上がりの学者ではありません。その北野教授が、**竹中平蔵氏は黒に近い**とおっしゃっているのです。でもこの疑惑は、うやむやになってしまいました。

このように海外移住による住民税の〝節税〟は、けっこう取り締まりがゆるいのです。

海外に住所を移して退職金の住民税を払わない裏ワザ

タックスヘイブンを使った逃税というのは、なかなか普通の人は真似ができるものではありません。普通の日本人は、日本に在住していないと収入を得ることができませんし、生活することができません。

しかし退職した後など必ずしも日本で収入を得る必要がなくなった場合は、この逃税法を行うことができます。退職後、海外生活をしたいという人は増えていますし、テレビや雑誌などでも時々、紹介されます。

特に定年退職後の1年目は、住民税が割高になるケースが多くあります、これを免れるために、**当面海外に行くと節税効果があります**。

住民税は通常、前年の所得にかかってくるものです。だから退職して無職になった場合、**その翌年は収入がないのに高い住民税を払わなければなりません**。

でも住民税は1月1日に住民票がある自治体からかかってくるものなので、その日に海外に住民票を移していればかかってこないのです。そして1年間のうち、おおむね半分以上海外にいれば、住民税は払わなくていいことになっており、**これは脱税でもなんでもないのです**。

最近は、第二の人生を海外で過ごす人も増えています。退職した後は、1年くらいはのんびり海外旅行をして過ごしたいと思っている人も多いでしょう。

節税の恩恵だけではなく生活費も安くつくケースもあります。東南アジアなどは、日本から比べれば驚くほど物価が安いものです。

たとえばタイなどは、食事でも現地の人と同じものを食べるのなら、一食100円くらいで済んでしまいます。スーパーやデパートのレストランで食べても、500円も出せばかなりいいものが食べられます。住む場所も月5万円も出せば、普通に清潔なサービスアパートを借りることができます。一泊3000円出せば、かなりいいホテルに泊まることができます。

だから月20万円もあれば、夫婦で相当に豊かな生活をすることができます。

定年退職者を受け入れるために、特別のビザを用意している国も多くあります。一定の年金収入があったり、一定の財産がある人を積極的に受け入れているのです。定年退職者のためのさまざまなサービスを設けていたりもします。日本の退職者は金銭面で安定収入があるので、どこの国も誘致をしたがっているのです。

もちろん海外で暮らすとなれば、言葉の問題、家族の問題などいろいろな問題もありますが、選択肢の一つとして持っておいてもいいと思います。ずっと暮らすのは無理としても、何年かは海外で暮らしてみるのもいいのではないでしょうか。

第6章

圧力団体を使って税金を安くする

「圧力団体」という最強の逃税スキーム

これまで金持ちのさまざまな逃税スキームをご紹介してきましたが、金持ちの本当の逃税スキームはこんなものではありません。彼らの最大の逃税スキームはほかにあるのです。

そのスキームとは

「圧力団体をつくって税制度自体を捻《ね》じ曲げること」

です。

あまり知られていませんが、この数十年、金持ちの税金は減税に継ぐ減税が行われてきました。少子高齢化などを理由に、国民全体では増税に継ぐ増税が繰り返されてきたにもかかわらず、です。

所得が1億円の人の場合、1980年の時点での所得税率は75%でした。しかし86年には70%に、87年には60%に、89年には50%に、そして現在は45%まで下げられたのです。また住民税の税率もピーク時には18%だったものが、今は10%となっています。

つまり金持ちの税金は、この**40年間で40%も下げられている**のです。

また相続税の最高税率も下げられています。相続税の最高税率は1988年までは75％だったのが、現在は55％になっているのです。

そして、これもあまり知られていませんが、日本の金持ちの税負担率というのは世界的に見ても非常に低いのです。

金持ちの収入の柱である「配当所得」が、非常に安い税率になっていることは先に述べた通りです。この配当所得の税金は、**先進国の中では最安**なのです。

配当所得に対する税金（財務省サイトより）

日本	15％
アメリカ	0～20％
イギリス	7・5～38・1％
ドイツ	26・375％
フランス	17・2～62・2％

※地方税は各国によって課税方法がまったく違うので国税のみの比較です。また日本は大口株主は総合課税となっていますが、大口株主の基準が高く、トヨタの豊田章男社

長さえ該当していません。

アメリカ、イギリス、ドイツ、フランスと比べても日本の税率15%というのは明らかに安いです。イギリスの半分以下であり、ドイツ、フランスよりもかなり安くなっています。あの投資家優遇として名高いアメリカと比べても、日本のほうが安いのです。

株主優遇制度はそれだけにとどまりません。

2002年には商法が改正され、**企業は決算が赤字でも配当ができる**ようになったのです。それまでは各年の利益から配当が払われるのがルールだったのですが、この改正により、その年は赤字でも過去の利益を積み立てている会社は、配当ができるようになったのです。

このため、会社は赤字でも毎年配当をすることができるようになったのです。

この結果、上場企業の株式配当は、この**15年でなんと3倍に激増**しているのです。

それが「1億円以上の高額所得者は税負担率が下がっていく」ことにつながっているのです。

それもこれも、おおもとの要因は、「金持ちが圧力団体を使って税制度を捻じ曲げてきた」からなのです。

金持ちには「徒党を組む」という習性があります。

庶民のイメージからすれば、金持ちというのはお互いがライバル視をして、つぶし合いをしているように思えますが、決してそうではないのです。金持ちは、結託してお互いの利益を守ろうとします。

そして、自分たちの地位を脅かそうとする者たちを徹底的に排除するのです。

そうすることで金持ちは自分の権益を守り、次世代にもつなげようとしてきたのです。金持ちたちはライバルと手を組んで「圧力団体」をつくり、自分たちの事業の権益を守るのです。

税金に関しても金持ちはこれらの団体を駆使して、政治に圧力をかけて税制を捻じ曲げさせてきたのです。

本章では、日本を代表する二つの圧力団体と、その逃税スキームをご紹介したいと思います。

日本経済を牛耳る「経団連」

まず最初にご紹介する金持ち団体は、「経団連」です。

経団連とは、正式には日本経済団体連合会といいます。

よく経済ニュースなどでその名が出てくるので、ご存知の方も多いはずです。

経団連とは、上場企業の経営者を中心につくられた会合であり、いわば日本の産業界のトップの集まりです。経団連には、上場企業を中心に約１４００社、主要な業界団体１００以上が加入しています。

日本の金持ちの多くは大企業の大株主であったり、大企業の役員であったりなど、大企業に関連しています。その大企業の経営者の集まりである経団連は日本の**「金持ちの中の金持ち」**が集まっている集団だといえます。

日本経済団体連合会の会長は、財界の首相とも呼ばれ、日本経済に大きな影響力を持っています。

この経団連は加盟企業が一流企業ばかりで、しかも約１４００社もいるということで、それだけでも大きな政治権力を持ちうるのですが、政党への企業献金も非常に多いのです。

そして経団連は、長年、自民党を支持しており、加盟企業に自民党への政治献金を呼び掛けています。自民党は、経団連の加盟企業から毎年巨額の政治献金を受けており、収入の大きな柱になっているのです。

いわば、**経団連は自民党のオーナーのような立場**なのです。

当然、自民党は経団連の意向に沿った政策を行うことになります。この数十年、金持ちの税金が大幅に下げられてきたのも、経団連の影響が非常に大きいのです。

「日本では配当所得に対する税金が非常に安い」

ということを先に述べました。このほかにも、ここの20年間に大企業の税金が大幅に下げられています。

大企業の減税が行われることは、金持ちの取り分を増やすことでもあります。

法人税とは、企業の利益に対して課される税金です。企業の利益は、株主のものです。

つまり法人税が減税されれば、それはすなわち株主の利益が増えるということなのです。

消費税を導入させた経団連

経団連は、金持ちの税金を下げさせただけではなく、一般庶民に対しては大増税を推進させました。

今、我々の生活に大きな打撃を与えている消費税は、実は経団連の強い意向により導入されたものなのです。

金持ちの税金を下げると財源が不足してしまいます。その不足を補うために経団連は、消費税の導入や、拡充を強く推奨してきたのです。

消費税が少子高齢化社会の社会保障費の財源として創設されたものと多くの人は信じているはずです。

しかし、決してそうではないのです。

実際に消費税は、社会保障費などにはほとんど使われていません。

法人税と高額所得者の大減税は、消費税とセットになっています。

消費税が導入されたのは1989年のことです。その直後に法人税と所得税が下げられました。また消費税が3％から5％に引き上げられたのは、1997年のことです。その直後にも法人税と所得税はあいついで下げられました。

そして法人税の減税の対象となったのは大企業であり、また所得税の減税の対象となったのは高額所得者です。

消費税による増収は約10兆円ですが、この10兆円は法人税と所得税の減税分ですべて吹っ飛んでしまったのです。

つまり消費税は、少子高齢化の社会保障のためという建前で創設されましたが、それには一切使われず、**大企業と高額所得者に差し出された**わけです。消費税は福祉のためではなく、大企業と高額所得者への利権として創設されたのです。

消費税は金持ちに有利な税金

それにしても、なぜ経団連は消費税を推奨したのでしょうか？

それは、消費税は金持ちに有利な税金だからです。

消費税には、逆進性があります。

逆進性というのは、所得が多くなるほど税負担が軽くなるという意味です。

普通の税金は、基本は所得が高くなるほど税負担が大きくなるように設計されています。所得が大きい人のほうが、大きな税負担に耐えられるからです。これは世界中で採用されている税金の基本原理です。

でも、日本の消費税はその逆になっているのです。

「消費税は一律なんだから、負担割合は一緒じゃないか」

と思う人もいるかもしれません。

しかし、そうではないのです。

たとえば年収が1億円の人いたとします。この人の消費が2000万円だったとしましょう。2000万円の消費でも、普通の人に比べれば相当贅沢《ぜいたく》な暮らしができるはずです。残りの8000万円は貯金したり、投資に回したりするのです。すると、この人が払っている消費税は、2000万円×10%で200万円です。

1億円の収入があって、支払っている消費税は200万円。ということは、この人が収入に対して負担している消費税の割合は、1億円分の200万円なので2%ということになります。

一方、年収200万円の人がいたとします。

年収200万円の場合、貯金する余裕はないので、収入のほとんどが消費に向かうはずです。だから消費額は200万円となります。となると、この人が収入に対して負担している消費税の割合というのは10％になるのです。

年収1億円の人の税負担が2％で、年収200万円の人の税負担が10％。つまり収入が低いほど負担が大きくなるのです。

これがつまり**「逆進税」**というわけです。

これは、屁理屈でもなんでもありません。

たとえば、これが、もし所得税で同じような税率構成にしていたら、国民は非常に怒るはずです。

もし所得税が年収200万円の人の税率が10％で、年収1億円の人の税率が2％だったら、国民は激怒し、政府は転覆するでしょう。革命さえ起きるかもしれません。

でも、それと**実質的にはまったく同じことをやっているのが消費税**なのです。

消費税は自分が直接税務署に払うものじゃなくて、モノを買うときに払う〝間接税〟です。ワンクッションあるから、国民はその現実に気付かないのです。

ヨーロッパ諸国などの間接税では、この逆進性の弊害を防ぐために、食料品や生活必需品はゼロに近い設定にしています。だから貧困層は、それほど税負担は高くないのです。日本でも一応、食料品などに軽減税率が設けられていますが、わずか2％安いだけなので**焼け石に水ほどの効果しかない**のです。

ざっくり言えば、法人税、所得税を下げて、消費税を上げれば、金持ちの税金を下げて、その分、貧乏人の税金を上げることになるのです。金持ちにとってはこれほど都合のいいことはないわけです。

経団連が消費税を推奨してきた最大の理由は、ここにあるのです。

国民の生活レベルを下げた経団連

経団連が日本経済に与えた影響は税金制度だけではありません。

賃金政策にも大きな影響を与えています。つまりは、日本国民の生活に大きな影響を与えているということです。

バブル崩壊以降、日本では賃金がほとんど上がっていません。

これについて最近、衝撃的なデータが発表されました。

2020年のOECDの調査によると、**日本人の給料は韓国より安い**ことが判明したのです。OECD加盟国の中で日本の平均賃金は22位であり、19位である韓国よりも年間で38万円ほど安くなっているという結果が出たのです。

この調査は、国同士の統計を綿密に照らし合わせたわけではないので、正確に比較できませんが、日本人の賃金が大幅に下がってきていることは間違いありません。

これは実は経団連が大きく関係しているのです。

1995年、経団連は「新時代の〝日本的経営〟」として、「不景気を乗り切るために雇用の流動化」を提唱しました。

「雇用の流動化」

というと聞こえはいいですが、要は「いつでも正社員の首を切れて、賃金も安い非正規社員を増やせるような雇用ルールにして、人件費を抑制させてくれ」ということです。

これに対し政府は、財界の動きを抑えるどころか逆に後押しをしました。そのため90年代から2000年代にかけて、日本企業ではリストラの嵐が吹き荒れました。そして90年代中盤から実に20年以上にわたって、事実上の賃下げを行ってきたのです。

日本経済新聞2019年3月19日付の記事の「ニッポンの賃金（上）」によると、1997年を100とした場合、2017年の先進諸国の賃金は以下のようになっています。

アメリカ	176
イギリス	187
フランス	166
ドイツ	155
日本	91

このように先進諸国は軒並み50％以上、上昇しています。アメリカ、イギリスなどは倍近い金額になっているのです。

その一方で、日本だけが下がっています。しかも**約1割も減っている**のです。

イギリスの187％と比較すれば、日本は半分しかないのです。つまりこの20年間で、日本人の生活のゆとりは、イギリス人の半分以下になったといえます。

この20年間、先進国の中で日本の企業だけ業績が悪かったわけではありません。むしろ、日本企業は他の先進国企業に比べて安定していました。経常収支は1980年以来、黒字を続けており、東日本大震災の起きたときでさえ赤字にはなっていないのです。日本企業は、バブル崩壊以降に内部留保金を倍増させ500兆円にも達しています。

これは、経済規模から見れば断トツの世界一であり、これほど企業がお金を貯め込んでいる国はほかにありません。世界最大の経済大国アメリカの企業をはるかにしのぐほどなのです。

にもかかわらず日本企業は従業員の賃金を下げ続けました。日本最大の企業であるトヨタでさえ、2002年から2015年までの14年間のうち、ベースアップしたのは、わずか6年だけです。2004年などは過去最高収益を上げているにもかかわらず、ベースアップがなかったのです。

経団連ばかりが潤う仕組み

その一方で、経団連の会員たちは非常に美味しい思いをしています。

経団連の会員たちは、上場企業の役員であったり、大株主であったりします。それらの人々は、昨今、日本経済の中で非常に優遇されているのです。

あまり報じられていませんが、バブル崩壊以降、日本の**大企業の役員報酬は高騰**しています。

2010年3月期決算から、上場企業は1億円以上の役員報酬をもらった役員の情報を有価証券報告書に記載することが義務付けられました。この制度が始まったとき、上場企業では364人もの1億円プレーヤーがいたことが判明し、世間を驚かせました。ところが、上場企業の1億円プレーヤーはその後も激増を続け、2021年には926人になっています。

企業によっては、**社員の平均給与の200倍の報酬をもらっている役員**もいました。

日本の企業は以前はこうではありませんでした。

「ジャパン・アズ・ナンバーワン」と言われ、日本企業が世界経済でもっとも存在感が大きかった1980年代、日本企業の役員報酬は、その社員の平均給料の10倍もないところがほとんどでした。

欧米の役員や経済学者たちはそのことを不思議がったものです。

「従業員の給料はしっかり上昇させ、役員報酬との差は少ない」

「会社のトップがそれほど多くない報酬で最高のパフォーマンスをする」

それが80年代までの**日本企業の強さの秘訣**だったのです。

しかし、今では役員と従業員の報酬は欧米並みか、それ以上に差があります。

また前述したように株主に対する配当も、この20年で激増し、3倍にもなっています。

つまり、株主配当も役員報酬も激増しているのです。日本経済はまさに経団連の会員だけが潤っている状態なのです。

なぜかマルサは大企業には入らない

経団連の政治への圧力は、大企業にもっと直接的な恩恵ももたらしています。

国税庁の中でよく知られた組織として、「マルサ」というものがあります。

映画やテレビなどで取り上げられることも多いので、ご存知の方もいるでしょう。

この「マルサ」というのは、国税庁の組織の中の部門のことであり、正式には各国税局内にある「調査査察部」のことです。そしてマルサは確固たる脱税の疑いがあるものに対して、裁判所の許可状をとって強制的に調査する機関です。

マルサに入られた納税者はなにを調べられても拒否はできないし、勝手にどこかへ行くことも許されません。警察の逮捕や家宅捜索と似たようなものです。

またマルサには警察と同じような取調室があり、被疑者はここに召喚されて取り調べを受けます。そしてマルサの怖いところは、**納税者には黙秘権がない**ということです。

警察の捜査の場合は、逮捕された容疑者には「都合の悪いことを話さなくていい」という黙秘権があります。しかし、マルサの調査の場合、納税者は質問に必ず答えなければならないのです。もしウソをついたり、知っていることを黙っていた場合、そのこと自体がペナルティーになったりするのです。

このマルサは、巨額な脱税を暴く正義の味方に見られることも多いです。

そして、「マルサにはタブーはない」と言われることもあります。マルサは、どんな有力企業であろうが、政治家に関係する企業であろうが、憶せずに踏み込んでいくというわけです。

しかし、これはウソです。

マルサにはタブーが多々あり、むしろマルサが踏み込める領域は、非常に限られています。このことは税務行政の最大の汚点であり、闇だともいえます。

あまり知られていませんが、マルサは大企業には絶対に入れないのです。信じがたいことですが、**上場企業にマルサが入ったことはほとんどない**のです。

なぜマルサは大企業に行かないのでしょうか？

もちろん、国税庁はその理由を用意しています。理由もなく、大企業に入らないのであれば、だれが見てもおかしいからです。

その理由はこうです。通常、マルサは1億円以上の追徴課税が見込まれ、また課税回避の手口が悪質だったような場合に入ることになっています。

しかし大企業の場合、利益が数十億あることもあり、1億の追徴課税といっても、利益に対する割合は低くなります。つまり大企業では1億円程度の脱税では、それほど重い（悪質）ものではないということです。中小企業の1億円の脱税と大企業の1億円の脱税は、重さが違うというわけです。

また大企業には、プロの会計士、税理士などが多数ついており、経理上の誤りなどはあまりない、そして大企業の脱税は海外取引に絡むものが多く、裁判になったとき証拠集めが難しいというのです。

これらの理由は、**単なる言い逃れ**に過ぎません。

確かに中小企業の1億円と大企業の1億円では、利益に対する大きさが違います。大企業の場合、1億円の脱税をしていても、それは利益の数百分の一、数千分の一に過ぎないので、それで査察が入るのはおかしいというのは、わからないでもありません。

それならば、大企業の場合は、**マルサが入る基準を引き上げればいい**だけの話です。利益の10％以上の脱税額があれば、マルサが入るという基準にすればいいだけです。

また「大企業の脱税は海外に絡むものが多く、証拠を集めにくい」という理由も言語道断です。こういう理屈が成り立つならば、海外絡みの脱税をしてもマルサに捕まらないことになります。つまり、よりずる賢く脱税をすれば、マルサは手の出しようがないということです。

はっきり言えばマルサが大企業に入らないのは、大企業が政治的な力を持っているからなのです。その源泉は、経団連だといえるのです。

また大企業は顧問として、国税ＯＢの大物税理士をつけていることが多いのです。国税の幹部はだいたい大企業の顧問税理士になります。

かのトヨタ自動車も２０１３年３月に社外取締役として、元国税庁長官の加藤治彦氏を招き入れました。これも究極の税務署対策といえるでしょう。元国税庁長官が取締役となっていれば、国税もそう無茶なことは言ってきません。

つまり国税庁側から見れば、大企業というのは大事な天下り先でもあるのです。

こういう具合に金持ちクラブは、立法機関、行政機関とも蜜月の関係があるといえるのです。

日本最強の圧力団体「日本医師会」

もう一つの日本を代表する圧力団体は、「日本医師会」です。

新型コロナに関連して声明を発表したりしていたので、ご記憶の方も多いかもしれません。

日本医師会は、日本で最強の圧力団体と言われています。日本医師会という名前からすると、日本の医療制度を守る団体のような印象を受けますが、実際は開業医の利権を守る団体なのです。

現在、日本医師会は、「開業医の団体」と見られるのを嫌い、勤務医への参加を大々的に呼びかけており、開業医と勤務医が半々くらいになっています。しかし日本医師会の役員は今でも大半が開業医であり、「開業医の利益を代表している会」であることは間違いないのです。

この日本医師会も自民党の有力な支持母体であり、政治献金もたくさんしているので、とても強い権力を持っているのです。

そのため、開業医はさまざまな特権を獲得しているのです。

あまり知られていませんが、**開業医の収入は勤務医の収入よりもはるかに大きい**のです。厚生労働省の「医療経済実態調査」では、開業医や勤務医の年収は近年、次のようになっています。

開業医（民間病院の院長を含む）　約３０００万円
国公立病院の院長　約２０００万円
勤務医　約１５００万円

このように開業医は、国公立病院の院長よりもはるかに高く、普通の勤務医の倍もの年収があるのです。

国公立病院の院長になるのは大変なはずで相当の能力を持ち、相当の働きをしないとなれるものではありません。その国公立病院の院長よりも、開業医の家に生まれ実家を継いだだけの医者のほうがたくさん報酬をもらっていたりするのです。

またまたこれもあまり知られていませんが、**日本は開業医が異常に多い国**です。日本には9000近くの病院、診療所があり、断トツの世界一なのです。世界第2位はアメリカですが6000ちょっとしかないのです。アメリカは日本の2倍以上の人口を持つので、日本の医院の多さは異常値です。

日本の人口100万人あたりの病院数は約67です。欧米の先進国の場合、もっとも多いフランスでも約52であり、アメリカなどは18しかありません。つまり人口割合で見ると日本はアメリカの約3倍の病院があるのです。

そして日本の病院のほとんどは公立病院ではなく、民間病院つまり開業医なのです。国公立病院は日本の病床数の20%程度しかないのです。先進諸国では、病床の大半が国公立病院だというのにです。

なぜこういうことになっているのかというと、**日本全体の医療費の多くが開業医に流れ**

るようになっているのです。

たとえば同じ診療報酬でも、公立病院などの報酬と民間病院（開業医）の報酬とでは額が違うのです。同じ治療をしても、民間病院のほうが多くの社会保険報酬を得られるようになっているのです。ほかにも開業医は高血圧や糖尿病の健康管理をすれば、報酬を得られるなどの特権を持っています。

つまり日本の医療は**「開業医は儲かる」**というシステムになっており、そのため開業医の割合が異常に多いのです。

それもこれも、日本医師会が開業医に大きな特権をもたらしてきたからなのです。しかも開業医は税制上あり得ないような特権も持っているのです。

開業医の税金の特別優遇制度とは？

開業医の場合、社会保険診療報酬が５０００万円以下ならば、約70％程度を自動的に経費にできることが認められているのです。

簡単に言えば、開業医は収入のうちの30％だけに課税をしましょう、70％の収入には税金はかけませんよ、ということです。

本来、日本は申告納税制度の国です。だから事業者（開業医も事業者に含まれる）は、事業で得た収入から経費を差し引き、その残額を所得として申告します。

しかしさまざまな事業者の中で開業医だけは、収入から無条件で約70％の経費を差し引くことができるのです。実際の経費がいくらであろうと、です。

開業医の税制優遇制度を、具体的に言えば次ページの表の通りです。

この仕組みを見ると、社会保険収入が5000万円以下の開業医は、約67％以上を経費に計上できることになっています。

たとえば、社会保険収入が5000万円だった場合は、経費は次のような計算式になります。

5000万円×57％＋490万円＝3340万円←自動的に経費になる

この3340万円が自動的に経費として計上できるのです。3340万円はというと収

開業医の税金特例の仕組み

社会保険収入	算式
2,500万円以下	社会保険収入×72%
2,500万円超 3,000万円以下	社会保険収入×72%+50万円
3,000万円超 4,000万円以下	社会保険収入×62%+290万円
4,000万円超 5,000万円以下	社会保険収入×57%+490万円

入の約67％にもなります。実際には経費がいくらかかろうと、この医者は収入の67％を経費に計上できるのです。

そもそも医者というのは、それほど経費はかからないのです。設備がそれほどない小さな医院などは特にそうです。

医者というのは技術職であり、物品販売業ではありません。材料を仕入れたりすることはほとんどないので、仕入経費などはかかりません。だから基本的にあまり経費がかからないのです。普通に計算すれば、経費はせいぜい30～40％くらいで、多くても50％くらいです。

にもかかわらず**約70％もの経費を自動的に計上できる**のです。税額にして、500万～900万円くらいの割引になっているといえます。

開業医が儲かるはずです。

この制度は一部の批判を受け、縮小はされましたが、廃止されることなく現在も残っています。これらの税制は縮小された後のものです。以前はもっと優遇税制があったのです。

開業医には相続税もかからない

開業医は、相続税でも優遇制度があります。というより、開業医は実質的に相続税がかからないのです。

開業医は、市街地の土地など莫大な資産を持っていることが多いものです。収入が多いのだから、資産も多くて当たり前です。駅前の病院などは、大変な資産価値を持つ場合も少なくないのです。これらの資産は、**無税で自分の子供などに引き継がれる**のです。

その仕組みは次のようなものです。

開業医は、自分の病院や医療施設を、医療法人という名義にします。医療法人とは、医療行為をするための団体という建前です。学校法人や財団法人などと同じように、大きな特権を与えられています。

開業医がこの医療法人はつくるのは、そう難しいことではないのです。適当に役員名簿などを作成して申請すれば、だいたい認められます。自分の息のかかったものばかりを役員に就かせておけば、この医療法人を意のままにすることができるのです。

個人経営の病院と、医療法人の病院がどう違うかというと、実際のところは全然変わらないのです。医療法人の病院は、ただ医療法人の名義を持っているというだけです。

医療法人には、建前の上では「公のもの」という性質があります。しかし実際には、その医療法人をつくった開業医が実質的に支配しているのです。

つまり医療法人というのは、事実上、特定の開業医が経営しているのです。

にもかかわらず、医療法人は相続税がかからないのです。

というのも、医療法人が持っている病院や医療機器は、あくまで医療法人の所有という建前があります。実質的には開業医の所有物なのですが、**名目的には医療法人の持ち物**なのです。

だから実質上の経営者の開業医が死んで、息子が跡をついだとしても、それは単に医療法人の中の役員が交代しただけという建前になるのです。

名義上は、息子とは父親の資産は何一つ受け取っていないということです。実質的には、息子は父親の財産をすべて譲り受けているにもかかわらず、です。

という具合には、開業医は相続の面でも非常に恵まれているわけです。

5浪、6浪をして医学部を目指しているという医者のバカ息子の話を時々聞いたことがあるでしょう? これは6浪しても開業医になれば、十二分に元が取れるからなのです。

世襲化する開業医

このように「開業医一族」への超優遇政策のため、実際に開業医の子供の多くは医者になろうとします。

日本の医学部の学生の約30%は、親が医師なのです。だから、「開業医の子供はだいたい医師になる」という図式が数字の上でも表れているのです。

しかも開業医の子供は「優秀な子」はそれほどいないのです。それもデータに表れています。というのも親が開業医をしている医学部学生の約半数が私大の医学部です。

親が開業医以外の医学生の場合、国公立大学が80%を超えていますので、「開業医の子供が私大の医学部に入る割合」は異常に高いことになります。

学力の偏差値でいうと国公立大学のほうが私大よりも平均してかなり高くなっています。私大の医学部でも偏差値が非常に高いところもありますが、全体をならせば国公立のほうがかなり高いということになります。

私大の医学部は6年間で3000万円以上かかるともいわれ、金持ちじゃないと行けないところでもあります。

「開業医の子供が金を積んで医者になる」

という図式が明確に表れているわけです。

しかも日本医師会は自分たちの権益を守るために、医者の数を増やさないように政治に働きかけています。

日本医師会は**医学部の新設に強硬に反対しているのです**。

その理由は「少子高齢化によっていずれ医者が余るようになるから」だということです。本来であれば、医者が余れば無能な医者が淘汰《とうた》されればいいだけの話です。実際に、ほかの業種ではそういう健全な競争が行われているのです。しかし、そういう競争が行われた場合、金の力で医者になった開業医のバカ息子たちが一番先に淘汰されるのは目に見えているので、日本医師会は頑強に反対しているのです。

そして厚生労働省も日本医師会の圧力に屈してしまうのです。だから医者が少ないのがわかっていながら医学部の新設がなかなか認められず、医学部の定員もなかなか増えないのです。

日本医師会は、まさに**「やりたい放題」**に日本の医療を牛耳っているのです。

もちろん、こういう日本の医療システムは、開業医の利益にはなっても、日本社会全体の利益にはなりません。

新型コロナでも、欧米よりもはるかに感染者、重症者が少ない時期から、日本はたびたび医療崩壊を起こしてきました。またまともな医療を受けられずに死亡する人も数多く出ました。

それは日本には**公立病院が異常に少ない**ということが最大の要因です。そしてそのおおもとの原因は、日本の医療が「開業医の利益のために」設計されていること、つまり日本医師会の影響によるものなのです。

サラリーマンも簡単に圧力団体をつくれる

　これまで金持ちは徒党を組むことで、税制を捻じ曲げてきたことを紹介してきました。逆に言えば、金持ちは徒党を組むことができたから、利権を維持しえたのです。大きな力を持っているはずの金持ちは、徒党を組むことでさらに大きな力を持ったわけです。

　このスキームを我々はまねることができるでしょうか？

　いや、**まねないとダメ**でしょう。

　金持ちでさえ徒党を組んでいるのですから、金の力を持っていない普通の人々が徒党を組まなければ、武器を持たずに巨大な敵と戦うのと同様です。

　徒党を組むことができないのならば、この厳しい経済社会で一人で戦うことになり、必然的に負けてしまうのです。

　それは自明の理です。

　金持ちは「徒党を組む」という努力をしています。普通の人が、その努力をしなければ、絶対に金持ちに勝つことはできないのです。

サラリーマンは、社会の中で圧倒的多数なのです。

「税金を下げて給料を上げろ」

と強く主張すれば、通らないはずはないのです。

なぜ主張できなかったかといえば、現在のサラリーマンはまったく団結していないからです。

サラリーマンは圧倒的多数なのに、一人一人の立場は非常に弱いものです。会社に雇われている立場なので、どうしてもそうなってしまいます。

この問題は、実は昔から指摘されてきたものなのです。

しかし団結すれば、サラリーマンは相当な権力を手にすることができるはずなのです。

「サラリーマンが団結するなんて無理」

「そういうのは面倒くさい」

と思う人も多いでしょう。

「この著者は左翼の回し者か」

と疑う人もいるかもしれません。

が、サラリーマンや一般庶民が団結するのは、まったく難しいことではないのです。

サラリーマンは団結したほうが絶対いい

前述の通り、日本のサラリーマンの平均年収はバブル崩壊以降、下がりっぱなしです。この30年のうちには、いざなみ景気という戦後最長などと喧伝された好景気の時期もあったのです。にもかかわらず、サラリーマンの給料は上がるどころか下がっていたのです。しかもこの間に、企業は内部留保金（貯金）を増やし続け、株主の配当は4倍にも激増させているのです。これで**格差社会ができないはずがない**のです。

これは、政治が悪いという点も確かにあります。

中途半端なアメリカかぶれの竹中元総務大臣の経済政策のおかげで、サラリーマンの給料は下げられたという面も多分にあります。

けれども**サラリーマン側が文句を言ってこなかった**という責任もあるのです。

「これだけ好景気が続いているんだから給料を上げろ」

と強く主張すれば、通らないはずはなかったのです。

サラリーマンには「団結権」というものがあります。

団結権とは簡単に言えば、団結して労働組合をつくって、会社と交渉する権利です。これがあれば、サラリーマンはけっこう強い主張をすることができます。

しかし昨今、労働組合はあまり機能していません。組合の参加率が非常に低いので、あまり発言権がないのです。

参加率が悪いのは、いろいろ理由があると思われます。第一は労働組合が現実離れした政治闘争ばかりやっていて、肝心のサラリーマンの待遇改善などには疎《うと》かったということがあります。

労働組合のバックには左翼系の政治団体がついていたりして、これがけっこう官僚主義的だったりするわけです（共産主義は、煎《せん》じ詰めれば巨大な官僚主義です）。

はっきり言って、これまでの労働組合は魅力があるものではなかったし、そこを会社側につけこまれて切り崩され、組織率が低下していったわけです。

でも、これからの経済社会、**やはりサラリーマンは団結したほうが絶対いい**のです。国や会社はどんどんドラスティックになっていくのに、サラリーマンだけが丸腰で一人で戦うのは不利というものです。

なので今後は、新しい時代にマッチした、新世代型の労働組合をつくるべきなのです。労働組合を持っているほうが、サラリーマンは絶対に得なのです。労働組合があれば、給料はそう簡単に下げることはできませんし、リストラも簡単にはできなくなるのです。

「労働組合」を成立させるには、そんなに複雑な手続きは必要ではないのです。

極端な話、あなたのほかにだれかあと一人の参加者がいれば、その時点で労働組合はできたということになります。

労働組合の結成に関しては、あらゆる思想、階級、身分の人が簡単に労働組合をつくれるようにわずらわしい手続きや規約などは設けられていないのです。

労働組合とは本来、敷居が非常に低いものなのです。

旧労組法では届出が必要でしたが、今ではそういうこともないのです。会社側の承認を受ける必要もないのです。

つまり労働組合を結成するには、二人以上の組合員という実体があればもうそれで十分なのです。

ネット世論が税制を変える

またサラリーマンや一般の人々が団結するには、労働組合をつくるばかりではありません。

昨今はネットが発達しているので、同じ考えを共有し発信すればそれだけで団結できるわけです。そして、それがけっこう社会的に強い力になったりもするのです。

たとえば、91ページでご紹介した「サラリーマンが副業して節税する方法」において、非常に興味深い事象がありました。

2022年8月に国税庁が「副業の申告は原則として売上300万円以下の場合は、雑所得として扱う」という通達を出しました。つまり売上300万円以下ならば、事業所得としては認めないということです。事業所得として認められずに雑所得にされてしまえば、給与との相殺などができなくなり、「サラリーマンの副業節税」ができなくなってしまいます。

これに対して国税庁サイトのパブリックコメントでは、**通常の70倍にあたる7000件**

の反対意見が寄せられました。「副業にはさまざまな形態があるのだから一律に売上300万円で区切るのはおかしい」ということです。

これを見た国税庁は前回の通達を修正し、**「取引の帳簿がきちんと保存されていれば事業所得としての申告を認める」**となったのです。

このように世論によって、税制が変更されることはあるのです。

だから我々が税金のことをしっかり研究し、一般の人たちに有利になるような税制をネット上で広く主張すれば、それが**税制に反映されることは十分にあり得る**のです。

生活をよくする第一歩は投票に行くこと

そしてサラリーマンや一般の人々が自分たちの意志を示す方法として、もっとも手っ取り早く簡単なことは「投票をすること」です。

日本は世界的に見て、選挙の投票率が非常に低いのです。

それが**「国民が政治家になめられる」**という大きな要因になっているのです。

今、日本は深刻な少子高齢化社会を迎えています。

これも実は、政治の不作為が大きく影響しているのです。

が、実は少子高齢化社会というのは、かつては欧米の社会問題でした。

欧米は1970年代ごろから少子高齢化が始まっていました。当時の出生率などは、日本よりも欧米のほうがずっと低かったのです。

そこで欧米は1970年代から少子高齢化対策を講じ、出生率なども、あまり低下しませんでした。

一方、日本は少子高齢化の傾向が見えてきても、何の対策も講じませんでした。その結果、今では日本は欧米よりもはるかに少子高齢化が進んだ、老人大国になってしまったのです。

それもこれも、日本の国民が政治家や官僚のやっていることを厳しく監視していなかったからでもあります。

消費税は、子育て世代を直撃する税金です。なぜなら人生においてもっとも消費額が多い期間は、子育てをしているときだからです。子育てをしている世代、20代後半から30代、40代の人たちは、あまり収入は多くないわりに、子供に関する費用がかさみ消費が大きくなります。

だから子育てをしやすくするためには、この世代に負担がかからないように手厚い支援をしたり、減税をしたりしなくてはなりません。欧米諸国はそういうことを丁寧にやっていました。

しかし日本の場合は、信じられないことに待機児童問題を20年以上も放置したり、大学の学費がこの30年で十倍以上になるなど、まるで子育てをさせないような政治を行ってきました。こんなことをやっていれば、少子高齢化になるのは当然、という感じなのです。

これは政治家や官僚のせいばかりではありません。

日本で子育てや教育がおざなりになってきたのは、実は国民側にも責任があるのです。というのも20代、30代というのは、選挙にあまり行かない層です。20～30代は、それより上の世代と比べて投票率が10％以上も低いのです。

そして子育て世代というのは、一過性の世代です。政治家から見れば、子育て世代から不満があがっても、彼らは10年くらいすれば子育てが終わります。子育て世代は、常に一定の人数がいるけれど、それは常に世代が入れ替わっており、常に同じ人たちがずっと不満を言い続けているわけではありません。

政治家としては、子育て世代は投票率も低く、一致団結して政治に圧力をかけることはなく、激しく文句を言う人もしばらくすれば言わなくなるので、**「子育て世代の不満は後回しでよい」**となるのです。

日本の子育て環境、教育環境をよくするには、まず20代、30代がちゃんと投票に行くことです。

「与党は利権まみれだし野党は頼りなく投票に行きたくても投票したい候補者がいない」という気持ちはよくわかります。それでも消去法を使ったり、子育てに力を入れている候補者を探すなどして、どうにかして投票に行くことです。

若い世代の投票率が上がれば、政治家も若い世代の意向を聞かざるを得なくなります。現代の日本では、若い世代は言うに及ばず、国民全体の投票率は非常に低いのです。国政選挙の投票率が50%を切るなどというのは、先進国ではほとんどありません。投票率が低いと、**組織票を持つ業界団体の意向で政治が動く**ようになるのです。

自分たちの生活をよくするためのまず第一歩は、投票率を上げることなのです。

おわりに

目も当てられない日本の税金無駄遣い

金持ちが「税金の費用対効果を認めていない」ということはある意味、合理的な判断といえます。

というのも現在、日本で税金を払うことは、**非常にバカバカしい**ことだからです。

筆者は元国税調査官なのですが、国税調査官の目から日本の政治を見た場合、**「日本人は、政治家や官僚のことを信じすぎている」**といえます。

日本のメディアや世論も、政治家や官僚のことをあれこれ叩くことがあります。政官と大企業や業界との癒着、贈収賄、不正な金稼ぎ、その他もろもろスキャンダルは、いつもマスメディアやネットで話題になっています。

が、一方で日本人の多くはこう思っているはずです。

「なんやかんや言っても、基本は国民のためにちゃんとやってくれているはず」

と。筆者も国税に入る前はそう思っていました。ところが、国税に入ってから、その考えは完全に崩壊しました。

「税」という国の根幹を担う業務が、これほどいい加減で、これほど杜撰《ずさん》で、これほど不公平に運営されているとは……。この事実を知ったとき、筆者は愕然としました。

日本の中間層以下ではこの2〜30年の間、消費税の増税、社会保険料の段階的な引き上げ、介護保険の創設などで税や社会保険料の負担は激増しています。

平均的サラリーマンは税金、社会保険料、消費税の負担率を合わせると、だいたい収入の4〜5割程度が取られています。これは江戸時代の年貢よりも高い水準であり、もちろん世界的にも非常に高い負担です。その一方で、高額所得者や富裕層の税金は、この40年で40%以上も下げられているのです。

しかも税金は徴収の仕方だけではなく、使い方においても酷いものです。今、日本の税金は、「多少無駄遣いされている」という生易しいものではありません。税金の大半が、「税金ビジネス」による「汚い利権」によって浪費されているのです。

国民のためにはほとんど使われていません。わかりやすい例を挙げましょう。

日本は、80年代から現在まで、世界一の公共事業大国です。90年代から2000年代は

GDP比にして先進国平均の2倍以上、現在でも先進国で最大レベルの公共事業費を支出しています。にもかかわらず、日本の社会インフラはボロボロなのです。

首都圏の道路の整備状況、大河川の防災整備、下水道の普及状況、電柱の地中化など、生活の基盤となるインフラが、途上国並みなのです。その結果、自然災害による死者数（人口比）が常時、世界のトップ10の中に入っているのです。アフリカの過酷な自然環境や、アジアの劣悪な環境で暮らしている地域よりも、災害死者数が多いのです。

しかし、日本の国民のほとんどは、このような状況に大して文句も言わずに高い高い税金を払い続けています。これが欧米であれば、絶対こうはいきません。

たとえばフランスでは、２０１９年に軽油税1リットルあたり10円程度の増税が予定されていましたが、それに不満を持つ国民が全土で暴動を起こし、結局、この増税は撤回されました。日本では、まず考えられないことです。日本でも増税に反対意見は出るでしょうが、暴動にまで発展することはあり得ないでしょう。欧米では、市民革命によって「民主主義の社会」がつくられ、税金は自分たちで決めるという文化があります。だから**税金の取り方、使い方については常に厳しい目で監視**しています。

しかし日本人の場合、市民革命で民主主義社会をつくったわけではありませんので、民主主義自体がまだよく使いこなせていないように思われます。そのため税金についても、あまり関心を持っていないのです。

筆者は、これは**危ない傾向**だと思っています。

民主主義のシステムというのは、国民が政治家や官僚のやっていることをしっかり監視することで成り立つものです。もし監視を怠れば、どこまで腐敗していくのです。

現在の日本の姿というのは、**「国民が監視を怠った民主主義社会」**のサンプルのようなものなのです。

民主主義の機能を回復させるためにも、我々はもっと税金のことを知る必要があると筆者は思います。本書を執筆した最大の動機はそこにあります。

最後に、ビジネス社の唐津氏をはじめ本書の制作に尽力いただいた皆様にこの場をお借りして御礼を申し上げます。

2022年秋

著者

<著者略歴>

大村大次郎（おおむら・おおじろう）

大阪府出身。元国税調査官。国税局で10年間、主に法人税担当調査官として勤務し、退職後、経営コンサルタント、フリーライターとなる。執筆、ラジオ出演、フジテレビ「マルサ‼」の監修など幅広く活躍中。主な著書に『18歳からのお金の教科書』『新装版税金を払う奴はバカ！』『完全図解版あなたの収入が3割増える給与のカラクリ』『億万長者は税金を払わない』『完全図解版相続税を払う奴はバカ！』『税務署対策最強の教科書』『消費税を払う奴はバカ！』『完全図解版税務署員だけのヒミツの節税術』『完全図解版あらゆる領収書は経費で落とせる』（以上、ビジネス社）、『「金持ち社長」に学ぶ禁断の蓄財術』『あらゆる領収書は経費で落とせる』（以上、中公新書ラクレ）、『会社の税金元国税調査官のウラ技』（技術評論社）、『おひとりさまの老後対策』（小学館新書）、『税務署・税理士は教えてくれない「相続税」超基本』（KADOKAWA）など多数。

金持ちに学ぶ税金の逃れ方

2023年1月1日　　第1刷発行
2024年1月1日　　第2刷発行

著　者　大村 大次郎
発行者　唐津 隆
発行所　株式会社ビジネス社

〒162-0805　東京都新宿区矢来町114番地 神楽坂高橋ビル5F
電話　03(5227)1602　FAX　03(5227)1603
https://www.business-sha.co.jp

〈装幀〉中村聡
〈本文組版〉茂呂田剛（エムアンドケイ）
〈印刷・製本〉中央精版印刷株式会社
〈営業担当〉山口健志
〈編集担当〉本田朋子

ISBN978-4-8284-2473-6